無の道を生きる
——禅の辻説法

有馬頼底
Arima Raitei

a pilot of wisdom

目次

子供には好きなことをやらせなさい／幼児教育が一生を作る／孤独からの脱出には時間が必要／どん底こそ心を育てるチャンス／だれかのせいにする前に、親が責任を持って教育せよ／ときには殴ることも必要／どんな過ちにも、救いの一言をかける／行動せよ！——冷暖自知／己れの尊厳が、いじめをはねのける／いじめの大将が、一番の親友に／師匠の結婚／同じ心のさびしさを抱えて／最終学歴は国民学校卒業、それで十分や／興味のあることを学ぼう／師を見極める

禅語・仏教用語解説

第三章　人を動かす

「やり方」さえ知っていれば、ものごとはおのずから動く／黙って成り行きを見つめていれば、落としどころは見えてくる／けっして敵対関係を作ってはいけない／エリートほど世俗に疎く、外圧に弱い／敵を味方につける秘策／

どんな相手にも、心から「おおきに」／天皇からホームレスまで、みんな友達／差別でなく、区別は大いにするべし／別に工夫なし／チャンスをいかにつかむか／人を動かす秘策／反対する人間には、それなりの理論がある／叱るとき、相手による使い分けは無用／人に任せることができないのは、自分に覚悟がない証拠／ものごとがうまく回っているときほど、自分を戒めよ／迅速に、的確に対処して、反論の余地を与えない／知識で武装して世間と渡り合うことは、トップたる者の義務／学び、本質を知ることは〝力〟／おかしいことはおかしいと、声に出して言う／結果に意味があるのではない。行為にこそ価値がある

禅語・仏教用語解説

はじめに

今の日本、どっかおかしいのやないか。そう思うのは、私だけではないはずです。けど、ひとりやふたりの力なんかでこの状況が変わるわけはない、そう思ってませんか？

でも、何もしなければ、何も変わりませんな。

だから「行動すること」が大事なんです。禅宗の教えでは「冷暖自知《れいだんじち》」と言います。何かを学ぶためには、まず自分自身が動く。たとえその結果、周囲が何も変わらなかったとしても、その経験によって、自分自身のうちでは確実に何かが変わるはずや。

「なんや、このおっさん、偉そうやけど、何者なんだ？」

読みながら、今、そう思っている方も多いでしょう。

いろんな施設や団体、会の責任者とか、理事長とか役員とか、発起人とか、肩書きはいっぱいありますけれど、私の本業は禅の坊主です。臨済宗《りんざいしゅう》相国寺《しょうこくじ》派の大本山である相国寺派の管長であり、同時に、一門の鹿苑寺《ろくおんじ》金閣、慈照寺《じしょうじ》銀閣の住職も兼ねております。

京都の観光名所として非常にメジャーな金閣、銀閣に比べると、相国寺と聞いてそのイメージや場所をすぐに思い浮かべることのできる方は少ないとは思います。しかしながら、ここは京都五山の第二位に列せられる、実に格式と由緒のある寺なのです。

正式名称を、萬年山相國承天禅寺《まんねんざんしょうこくじょうてんぜんじ》といいます。

室町幕府三代将軍・足利義満公が、自らのお住まいである花の御所の隣に一大伽藍《がらん》の建立を発願され、一三九二年に竣工《しゅんこう》いたしました。当時すでに故人となっていた高僧・夢窓疎石《むそうそせき》（夢窓国師。一二七五―一三五一）を開山（初代住職）に勧請《かんじょう》し、義満公の禅の師であり、疎石の甥《おい》でもあった春屋妙葩《しゅんおくみょうは》（一三一一―一三八八）が二代住職となっています。

京都御所の北側、今出川御門の前の通りを北に上がったところにあります。南には同志社大学、北には京都産業大学附属中学・高校、烏丸中学といった学校に囲まれています。

近年では、付属施設である承天閣《じようてんかく》美術館で二〇〇七年に開催された「若冲《じやくちゆう》展」が大変な話題となって、若冲の寺として知られるようにもなりました。寺域の墓所には若冲のお墓もあります。

その若冲と相国寺とのかかわりについては、おいおい本文の中でお話しすることにいたしましょう。

まあ、要するに、臨済宗相国寺派の寺々のトップに立って、齢《よわい》七五を超えた身で、全国を飛び回っている、というのが私なんです。中国やチベット、北朝鮮、フランスなど外国もあちこち訪ねています。

皆さん、坊主というのは、なんや気楽そうな仕事やと思われてるかもしれませんが、そんなことはない。宗派とか仏教会とかいう組織をまとめていくのは、人に「猊下《げいか》、ようそんな激務やってはりますな」と言われたりするような仕事です。お経だけあげていればすむ仕事ではないのです。

禅の坊主がどんな生活をしているか、中にはご興味をお持ちの方もいらっしゃるかもしれませんから、ちょっと簡単に私の一日のようすをご説明しましょう。

現在、相国寺の塔頭《たっちゅう》（寺の敷地内にある小院）の一つ大光明寺が私の住坊で、朝は、だいたい四時半に起床です。そうして、まずお経を唱えお勤めをいたします。それから約三〇分間の坐禅。

坐禅は、一日一回は必ずします。朝にやらなかったら晩、晩できないときには朝。どこにいても必ず。そうすると気持ちがいいんですわ。というより、しないと落ち着かない。もう生活の一部になってしまっていますから。

それがすんで、原稿を書いたり、頼まれた揮毫《きごう》（書や絵を書くこと）をしたり。色紙なんて何枚も書きます。朝は、ぎゅっと気力が充実していますからね。早起きは三文の得と昔から言われてますが、まさに朝の時間は黄金。色紙なら二〇枚とか、墨蹟《ぼくせき》であるならば一〇枚とか、何も書かないときは原稿に向かう。今、連載が二つあって、そのほかに単発の原稿依頼がけっこうきます。

何もなければ、九時に承天閣美術館に出て、五時ぐらいまで館長としての仕事をいたします。けれど、ほとんどは、さまざまな会議や打ち合わせ、全国各地での講演会、取材や対談、各種のおつきあいが次から次へと詰まっていますから、手帳は真っ黒け。

スケジュール管理は自分でしています。だれかに任せていたところで、最終的には私が判断しないとならないのですから、無駄なんです。間に人を入れる分だけ、ちょっとした行き違いなんかで管理上のミスも起こりやすい。ときどき、自分で書いていて「これはなんやろうな」なんてこともありますけどね。


そんな私が、学歴は小卒です、と言うたらたいがい皆さんびっくりしはりますな。私はいわゆるエリートではありません。いや、旧大名家である有馬家の出身で、学習院初等科に上がる前には今上《きんじょう》天皇のお遊び相手に選出され、幼少期は確かにエリートではありました。今の言葉で言うと「セレブ」とかいうやつですな。

けど、これも後々お話しいたしますが、両親の離婚をきっかけに、八歳にして九州の寺で小僧生活を送るようになり、死にたいほどのどん底を味わってもきた経験の持ち主です。親の死に目にも遭えませんでした。自分で言うのもなんですが、波乱万丈の人生です。

まあ、本書はそんな坊主の辻説法《つじせっぽう》です。人生でどないしたらええんやろう、と迷っている人や、組織や会社で人の上に立つ人に、「なるほどな」と思うてもらえるヒントがあるかもしれません。この本を読んで、勇気や元気を得て、「行動する人」が一人でも多く出てくださることを、心から願っています。

第一章　禅って、なんやろ？

そもそも禅とは？

禅寺の坊主ということで、よく尋ねられるのが「禅ってなんでっしゃろ？」という質問です。そやけど、実は、これが一番苦手。私、難しい話はようしませんね。大上段に構えて「禅とは？」なんて語るのが、一番の苦手なんです。

とはいえ、質問されたからには答えないわけにはいきませんな。そこで、私はいつも、「難しく考えなくてもいいんだよ」と返事をします。禅というのは、実はとても簡単なこと。極めて単純明快なんです。

しかし「禅は簡単」なんて言われても、素直にそうですかとうなずけるかというと、そうもいかないでしょう。そこでまあ、考えてみてください。この世の中で唯一の真実、すべての人間に平等に与えられた真実とはなんだと思いますか？

「生まれたら死ぬ」。その事実だけなんです。

人間、生まれてきたときは、なんにも持たず、裸で生まれてきます。死ぬときもおんなじ、なんにも持たずに死んでいく。何もないところから生まれて、生きて、また何もないところへ還《かえ》っていく。それでしまいや。人生ってそういうもの。それを、本当にしっかり納得しましょうというのが、禅なんです。実に簡単なことです。

禅の根本にある「本来無一物《ほんらいむいちもつ》」という言葉は、まさにそれを表したものなんですね。生まれたときには何もない。ところが、生きて、いろんな経験をしていく中で、いい意味でも悪い意味でもいろんなことが身についてくる。それを元へ戻しましょう、生まれたときに還りましょう、というのが禅の考え方で、そのための修練を積んでいくのが禅の修行なんですな。

普通、経験を積めば積むほど、知恵がついてくる。欲も出てくる。その欲を実現していくためのこざかしい知恵もどんどんついてきます。なまじちょっと出世したり、組織の中で上に立つ立場になったりすると、おかしなことに本来とは違う知恵や欲が出てくる。

最初はみんな、この国や自分が身を置く組織をよくしたいという純粋な思いで一生懸命に働く。ところがやがて力をつけなくては何も動かせないことに気づいて、力をつけるためのいろんな知恵を働かしているうちに、いつしかそうして権力を握ることが目的になってしまう。実に、ありがちです。

ところが、禅の修行をしていくと、そういう知恵が、だんだん何かあほらしくなってくる。何をしょうもないこと考えてたんやろと思うようになるんです。ここまでくればしめたもんです。

どうも皆さん、禅というのを難しく考えすぎるんですね。なんにも難しいことはないんです。生まれたときに還りましょう、それだけでいいんです。

体験こそが、唯一の禅の道

それじゃあ、生まれたときに還るためには、何をすればいいのか。

これも答えは簡単。なんにもしなくていいんです。

禅は体験の宗教と言われます。確かにそうなんだけど、禅とは、実は宗教じゃないと言ったほうがいいかもしれません。学問なんです、禅学なんですね。

禅は仏教の一つの宗派ですから、ルーツをたどっていくと、仏陀《ぶつだ》に行き着きます。仏陀っていうのは、お釈迦《しゃか》様のことですね。そもそもこの「仏陀」という言葉は、お釈迦様の固有名詞ではなく、「悟った人」「自覚した人」という意味です。

　では、お釈迦様は何を自覚したのか。

　自分は何も持って生まれてこなかった、何も持たずに死んでいく。お釈迦様はそれを悟られたんです。その覚者《かくしゃ》を仏陀といいます。

　お釈迦様は、人はだれもがみな仏陀ですよと言いました。本来、人間は、仏陀にならなきゃいけない。真実を悟らなくてはいけないんです。忘れてしまった真実を、今一度思い出そうじゃないか、きれいな、純粋な心に立ち返ろうやないか、というのがお釈迦様の教えなんです。

　ところが、そんなこと言っても、そう簡単には立ち返れないのが現実というもの。人間、そうそう「無の境地」なんてものには、なれません。

肝心なことは〝何も考えない〟こと

　私たち禅僧の場合は、日々のお勤めをしたり、坐禅をしたりという修行をして、今しているそのことだけに「集中」をする。そうしたらほかのことは何もない。ただ経を読む、ただ坐禅する、それだけなんです。それが純粋ということです。

私らの「修行」は、一般の皆さん方にとってみればさしずめ「仕事」ということになるでしょう。事務の仕事でも、営業でも、物を売る商売でも、何かを作るにしても、没頭しているときは無なんです。何も考えないでしょう。いま目の前にあることだけを考えている。

体験の宗教というのは、そういうことなんです。

たとえば大工さんが家を建てる。現実に家を建てる行動を起こす。設計図を作って、材料の仕入れをして、釘を打ったり、のこぎりを引いたりする。それこそが体験なんですね。

ことさら禅の修行なんてしなくたって、日常、これすなわち、体験であり、修行になりうるわけです。

そうした体験を通して、知ったことを全部、自分に受け入れるんですね。そうしたらそれしかないんですよ。ほかにはなんにもない、けれどもそこには大工という仕事そのものがあるわけでしょう。これが重要なんですね。

いきなり、パラドックスのような話になってしまいましたが、この本を読み進めるうちに、追い追い「なるほどな」と思っていただけるようになると思います。まずは、すべてがあるということ、それしかないということ、そしてその二つが同じものなんだということだけ、頭の隅っこに入れておいてください。

仏様は、理想の人間像

フランスでは今、大変な日本ブームなんだそうです。中でも禅の思想や文化は非常に注目されているといいます。

どうしてフランス人が禅宗文化に興味を持ったのか、ということを、私なりに考えてみると、禅は現代文化のひとつの突破口なのではないだろうか、と思い当たりました。

西欧の理論とか思想というものは、今の世の中において、行き詰まってしまっていて、どうしようもないところまできています。突破口がないんです。

その原因をつくづく考えてみると、西欧の思想が他者との対立によって成り立っているという問題があるんやと思います。自分以外の他者、それは自然であったり神であったりするわけですけども、そういう絶対的な存在と対立し、ときには戦うことによって、はじめて自分という存在が自覚されていく。

ルーブル美術館へ行ったって、オルセー美術館へ行ったって、フランスに限らず、ヨーロッパの美術館には宗教絵画がたくさん並んでいますね。そうした絵をご覧になれば、分かるでしょう。宗教の名のもとに、おびただしい血が流されている。磔刑《たっけい》になったキリストは突き刺され、宗教間の対立で殺戮《さつりく》が行われる。これはなぜか。

そもそも神さんって、なんなんでしょう？　だれも神様を見たことはありません。そこで西洋の人たちは、自分たちと同じ人間の姿を借りて、神という存在を表現するしかなかった。

ところが東洋はどうかというと、宗教絵画に描かれているのは仏様であって、神様ではないんですね。さっきも言ったように、お釈迦様というのは人間です。つまり仏とは人間なんです。その人間の姿をいかに理想的に描くか、というのが東洋絵画の考え方。東洋の絵画は人間そのものです。

仏というのは人間なんだ、その人間の理想を描こうじゃないか、そう考えた。その結果、東洋の宗教絵画には、血で血を洗うものは一つもない。全部平和。ものすごい平和なんです。

人間の理想の姿とはどんな姿なんだろう、こういう姿で毎日を送ったらええな、きっと幸せやな、そう考えて生み出されたのが仏教美術なんですね。

アルカイックスマイルというのがあります。唇の端をこう、くっと持ち上げた、あのなんとも不思議な微笑。もともとは紀元前六世紀ごろのギリシャの古代彫刻にみられる表情表現ですが、ずっと時代を経た六朝時代（三世紀―六世紀）の中国や、日本の飛鳥時代、白鳳《はくほう》時代の仏像に現れるようになります。あの微笑《ほほえ》みが、仏教のすべてを語っています。人間、同じ生きるなら笑って生きていこうじゃないか。穏やかな微笑を浮かべた仏様の顔は、そう語りかけています。

仏教は、未来の世界を平和へと導く宗教

人間の理想の姿を描いた仏教絵画は、おのずからこう生きなくてはという気持ちを起こさせてくれます。それに対して西洋の宗教画というのは、戒めなんですね。絶対的な他者

である「神様」がいて、その神様から罰を受けるのが恐ろしいから、正しく生きなくては、という気持ちにさせるための絵画です。

そうした根本の違いが、東洋と西洋の宗教観にはある。フランス人たちが、禅に惹《ひ》かれているというのは、まさにそこに違いありません。どうすれば人は救われるのか。それを考えたとき、ヨーロッパの人たちも気づいた。対立や戒めを根幹とする思想には限界があって、真に人を救うことはできないんだということに。

世界の各地では、今も戦争や内乱が続いています。それはすべて、力で力を倒し、ねじ伏せようとしている結果です。でもそんなことしていたら、永遠に争いの世界から抜け出すことはできません。地獄が進む一方です。

これをどうするかと考えて、自分たちの文化の外に目を向けたとき、そこに禅があった。西洋もようやくそのことに気づいたのではないでしょうか。

禅とは何か。本来無一物とは、いったいなんだろう。彼ら西洋人にとっても、やはりそこが謎《なぞ》なんですね。だからこそ、禅宗文化をもっと知りたいという動きが高まってきているのでしょう。

もともと禅は、インドで生まれ、中国で育ち、わが国に入って定着し、今や本来の「禅」が実践の思想として形を留めているのは日本だけです。インドでも中国でも、とうの昔に失われてしまった。その禅を、世界が再び注目している今、日本人が見過ごしにしてしまうのは、非常にもったいないことではないでしょうか。

これからの世界の思想をリードするのは仏教だと、私は思っています。手前味噌だと思われますか？　でもね、たとえ手前味噌だろうがなんだろうが、そうしないとこの地球は永久に平和になりません。それだけは確信しています。

だからこそ、人の上に立つ政治家や官僚、組織のトップの人たちは、今こそ、この日本の素晴らしい文化である禅の心にぜひとも触れていただきたい。それが必ずや、迷走する日本を救う一つの突破口になる。私はそう信じています。

成仏とは、命の輝きのこと

お釈迦様は、「山川草木悉皆成仏《さんせんそうもくしっかいじょうぶつ》」とお説きになりました。

これは、この世の中に存在するすべては仏様です、ということ。仏様というのは成仏した、仏に成った存在。では、成仏とは何かというと、それは生命の輝きなんですね。

この世の中のものは全部成仏している。なぜかというとすべて生きているからです。死んでもなお生きる。あの世で生きるんですね。

これを仏教では「化生《けしょう》」と言います。生まれ変わって次から次へと生きていく。

ここで、ちょっと話はそれますが、昨年（二〇〇七年五―六月）、相国寺の承天閣美術館において、「若冲展」をいたしました。伊藤若冲（一七一六―一八〇〇年）は、ご存知のように江戸時代の人で、このところ大変な人気の画家です。

相国寺の第一一三世の住持《じゅうじ》を務めた梅荘顕常《ばいそうけんじょう》（大典《だいてん》禅師。一七一九―一八〇一）との交流が深く、相国寺とは大変にゆかりの深い人物です。四十代後半から五十代後半にかけて、両親と弟、そして自身の永代供養のために一〇年の歳月をかけて描き上げた絵を、相国寺に寄進した。それが、彼の最高傑作として名高い「釈迦三尊像」と「動植綵絵《どうしょくさいえ》」全三三幅《ぷく》です。

「若冲展」は、その「釈迦三尊像」と、現在は宮内庁三の丸尚蔵館に収蔵されている「動植綵絵」が、一二〇年ぶりに再会する展覧会ということで、承天閣美術館始まって以来の大変な数の入場者をお迎えすることができました。

釈迦三尊とは、釈迦、文殊《もんじゅ》、普賢《ふげん》の三つの仏様です。お一人ずつ描いた三幅の「釈迦三尊像」を、動物や植物を緻密《ちみつ》に描いた三〇幅の絵で荘厳《しょうごん》している、つまり、厳かに飾っています。ですから「動植綵絵」は、「釈迦三尊像」とともにあって、はじめて完成する作品といえるのです。

若冲がそこに描き出したのは、何か。それこそが、まさにお釈迦様がおっしゃった、「山川草木悉皆成仏」の姿なんですね。

仏様を中心にして、そこには、花がある、木がある、鳥がおる、魚がおる、蝶々がおる、虫けらがおる。これらは全部、生命の輝きなんですよ。

「醯雞蠛蠓《けいけいべつぼう》一一《いちいち》大光明《だいこうみょう》を放つ」という言葉があります。そこらに這《は》い回っているウジ虫でさえも光り輝いている、大光明を放っているという意味です。なぜか、なんの光か。それは、生命の輝き以外の何ものでもありません。

お釈迦様が不殺生《ふせっしょう》を説いたのは、そこなんですね。お互いに生命の輝いている者同士がなんで殺し合う必要があるのか。みんな生きている。その大切な命の輝きを、どうしてつぶし合わなくてはいけないのか。そう高らかに唱えられたのがお釈迦様なんですね。

そのお釈迦様の教えをずっと受け継ぐのが仏教です。ですから、命あるすべてのものへの慈悲《じひ》の心がないと、人間は救えない。ひとつ間違えてしまうと、次から次へ泥沼にはまっていくんです。でも、ある瞬間に、そこにふっと一つ、輝きを見いだすことで、あっ、こんな世界があったんだと気づく。それが「救い」なんですね。

あらゆる既成概念を否定することがはじまり

お釈迦様の誕生日は、四月八日です。この日、おぎゃあとお生まれになったばかりのお釈迦様は、すっと立ち上がって、「天上天下唯我独尊《てんじょうてんげゆいがどくそん》」とおっしゃったといわれています。もちろん、本当に言ったわけじゃありません。生まれるなり天と地を指差して、言葉を発するなんて、そんなドラマチックなこと、赤子《あかご》ができますかいな。

けれど仏教では、言ったということになっている。

では、その天上天下唯我独尊という言葉は何を表しているか。それは、この世に一つの生命が生まれた、という事実を賛嘆する声なのです。

人は生まれた瞬間に、おぎゃあ、おぎゃあ、おぎゃあと、泣く。母親の胎内からこの世の中に生まれ出て、はじめて酸素を吸って、わっと泣く。これこそが、天上天下唯我独尊なんです。

お釈迦様はけっして特別ではないんですね。逆に言えば、人間はだれでも生まれた瞬間は、お釈迦様と同じなんです。

天上天下唯我独尊に関しては、雲門文偃《うんもんぶんえん》禅師（八六四―九四九）がこんな言葉を残しています。「お釈迦様が生まれてすぐに、天上天下唯我独尊と言ったというけれど、もしも俺がそのとき、その現場に居合わせたならば、お釈迦様に一棒を食らわせて叩き殺し、犬に食わせてたよ」と。すごいことを言うもんです。こんなこと、ほかの宗教では絶対に許されはしないでしょう。でも、仏教は、ことに禅は、それを許すのです。

また、臨済宗《りんざいしゅう》の祖である臨済禅師（？―八六七）は、「仏を殺し、祖を殺し、殺し尽くして初めて解脱《げだつ》すべし」と言っている。ここで言う「殺す」は、命を殺《あや》めるという意味での殺すではなくて、自分自身の煩悩を消滅させるという意味での「殺し」なんですね。つまり、あらゆるものに対する既成概念を打ち消し、執着《しゅうじゃく》を消し去ること。そうしてはじめて穏やかな心になれるというわけです。

雲門禅師が言いたかったこともこれと同じで、既成概念の否定です。仏教なんていうつまらんものがこの世に存在するから人間は迷うんだ、という。つまり、はじめから仏教など知らなければ迷わない、そもそもお釈迦様が存在しなければ仏教そのものがなかったのだ、という論理です。

確かに、水晶の玉を買って祀《まつ》るとお金持ちになれるとか、特別な水をかけると病気が治ったり、死者がよみがえったりする、なんて「奇跡」が現代でもまことしやかに耳に入ってくる。普通ならそんなことはありえないと冷静に判断ができるのに、人間切羽詰まると、そういうつまらんことに迷ってしまうものなんです。

ある意味、お釈迦様の天上天下唯我独尊もそれと同じじゃないか、というわけですね。お釈迦様が天上天下唯我独尊なんて、しょうもないことを言うから人間は迷うんや。そんなものいらん、仏教だっていらんのだ、と。

それと同じように、禅の本来無一物という言葉も、ある意味、屁《へ》理屈ですわな。無いといって、ある。あるものを無いという。だから、ひとつ間違うと禅の思想というのは、脇道に迷いこんでしまいかねない危険がいっぱいある。これが怖いんです。本物の修行をしないと間違ってしまう。間違ったことを振りかざしてこの世を生きていく、偽物の宗教者はいっぱいいますよ。

偽物にまどわされてはいけません。お釈迦様の天上天下も、そんな逸話にとらわれて執着しちゃだめなんです。本当のあなた自身、正真正銘のあなた自身を生きていけばいい。

なんで仏教に頼るんですか？

禅は、そうやってあらゆる既成概念を疑ってかかることからはじまる。徹底的にそういうものを排除していくんですね。はぎ取っていく。どんどんどんどんはぎ取って、洗って、洗いさらしていく。すると、最後に何が残るだろう？　もしかしたらなんにも残らないんじゃないか――。そういうところへ向かっていくのが禅なんですね。

現代は、情報過多の時代です。こちらが望もうが望むまいが、あらゆるものが入ってきます。そういうものにとらわれ、執着するから迷いも生じます。迷いが生ずるとどうなるか。だんだんだんだん暗いところへ入っていって、そこから出てくることができなくなってしまう。それが行き着くところまで行くと、ああ、もうだめだ、死ななしゃあないか、と思い詰めるようになってしまう。鬱《うつ》状態とか、自殺とか、ね。

そうした迷いの段階をクリアできれば、その先にはすごく明るい世界が開けているんだけれども、そこに気づく手前で留まってしまっている人が実に多いのが現代です。

無駄を重ねた果てに、「無」に還る

しかしね、迷うなと言われても、こればっかりは迷おうとして迷うわけではないんだから、難しいもんです。

「決まり」がないということが、どんなに頼りないことか。目標もなく、自由に考えていいと言われたら、どこから手をつけていいかさっぱり分からないのが人間というものです。それこそ、何をどうすればいいのか迷ってしまう。

だから禅では、仏教の思想そのものから、まずは入ります。そうしてきっちりと仏教の考え方というのを一度頭に入れたうえで、今度はそれを、だんだんだんだん取り除いて、取り除いて、最後の最後に正真正銘のものを残す。それが禅の言う「本来無一物」。

いるものも、いらないものも、あえて全部受け入れて、飲み込んで。そうじゃないと最初から「無」なんていうことにたどりつけるわけがないんですね。「有る」ことを意識してはじめて、「無」という概念が成り立つ。

その「無」にいたるためにはいろいろな修練がありますが、私ども禅宗では、その第一が坐禅をすることなのです。

坐禅をするということは、何か。それは、自分自身の心を見つめることにほかなりません。あふれかえる情報や、他人の言葉にまどわされることなく、ただただ自分の心だけを見つめる。心のさらにさらに深いところを見つめて、自分のうちにある仏性《ぶっしょう》を見つけ出すことで、人は真実、人となれるのです。禅語で言う「直指人心《じきしにんしん》」というのは、こういうことなのです。

今、坐禅が人気、のわけ

二〇〇七年の夏に東京国立博物館で、続いて翌二〇〇八年の正月から九州国立博物館で開催された「京都五山禅の文化展」では、いずれも坐禅を体験していただく試みをしました。禅の文化を知っていただくには、たとえ三〇分でも一時間でもいいから坐禅を体験していただくのが一番、だからです。反応はどうだろうと懸念する声もあったんですが、蓋《ふた》をあけてみると、ものすごくたくさんの申し込みをいただきました。人数には限りがありますから、やむなくお断りしなくてはならない方々がたくさんいて、非常に残念でした。

これが一つのきっかけになったのか、最近は、ヨガやピラティスに通う感覚で坐禅をする場や体験者が増えているんだそうです。ことに若い人たちに人気が高いといいます。現代の若者というのは、けっしてあなどれませんね。自分のバランスをとるために何が必要かを、本能的に感じ取り、そのための手段を見いだす力を持っている。そういう意味では、実に頼もしい。職場や組織で上に立つものとしては、これはもう「知らない」で見過ごしにしていてはだめでしょう。率先して、ぜひとも体験していただきたい。

坐禅という体験をする、それはほかのだれでもなく自分自身がして、感じる「正味《しょうみ》のもの」です。そうした正味のものがいかに重要かということを、坐禅をするという体験を通して分かっていただけるのではないかという気がします。

なんでも経験していただくというのが一番大切なんです。自らの身体や感覚を通して、ああ、そうだったのか、このことだったのかと気がついたとき、ものすごく感動するんです。「私もできた」というひとつの達成感が、納得を生む。禅って難しいもんだろうと思っていたけど、ああ、こういうことだったのか、とね。頭で考えてもあかん、自分自身の全部を使って感じ取る。

それがまず最初の段階。その次は、そうして蓄積していった経験を、ひとつひとつ忘れることです。

◎禅語・仏教用語解説

本来無一物《ほんらいむいちもつ》（一九頁）

出典：『六祖壇経《ろくそだんきよう》』

禅宗の開祖とされる達磨《だるま》（六世紀ごろ）の教えを継いだ中国禅宗の第六祖・慧能《えのう》（六三八―七

一三）の言葉といわれる。本来人間は、何も持たず無の状態で生まれてきた。そのようにもともとが「空」な存在なのだから、こだわったり執着する必要はなく、自由な存在であるという。『六祖壇経』は、慧能の説法や問答をまとめたものである。

山川《さんせん》草木《そうもく》悉皆《しっかい》成仏《じょうぶつ》（二七頁）
大乗仏教の根本理念を表す言葉。一仏が成道したならば世界はその仏に属するから、山川草木もすべて成仏する、の意。

化生《けしょう》（二八頁）
母胎や卵からでなく、自然に生まれること。曹洞宗《そうとうしゅう》の開祖・道元《どうげん》禅師（一二〇〇―五三）が著した仏教思想書である『正法眼蔵《しょうぼうげんぞう》』や『無量寿経《むりょうじゅきょう》』などに出てくる言葉。

醯雞《けいけい》蠛蠓《べつぼう》一一《いちいち》大光明《だいこうみょう》を放つ（二九頁）
出典：『碧巌録《へきがんろく》　一〇』
「醯雞蠛蠓、蠢動含霊《しゅんどうがんれい》、一一大光明を放つ」。どんな小さな虫けらでさえも生命を持ち、この世に存在するすべての生き物は大いなる光を放っている。光とは、すなわち命の輝きである。生きとし生けるすべてのものが、仏性を宿した尊い存在なのだ、という意味。『碧巌録』は宋

時代に成立した公案集。

慈悲《じひ》（三〇頁）

「慈」は与楽（衆生をいつくしみ幸福を与える）、「悲」は抜苦（衆生の苦難を救い、苦境を脱せしめる）の意。もともとは「大慈大悲観世音菩薩」という観音菩薩の名前の一部で、ゆえに主として観音菩薩の慈悲心を意味する。仏教の根幹を示す言葉。

天上天下唯我独尊《てんじょうてんげゆいがどくそん》（三〇頁）

出典：『長阿含経《じょうあごんきょう》』

釈迦が生まれてすぐに、右手で天を、左手で地をさして言ったと伝わる言葉。直訳すれば、「この世に自分という存在は唯一で、だからこそ尊い」の意味。さらに広くとらえれば「生命というものはこの世に同じものがふたつとない、かけがえのない存在」と解釈できる。『長阿含経』は初期仏教の経典『阿含経』の中の長編の経。

殺仏殺祖《せつぶつせっそ》（三一頁）

出典：『臨済録《りんざいろく》　示衆《じしゅ》』

臨済禅師に「仏に逢うては仏を殺し、祖に逢うては祖を殺し、羅漢に逢うては羅漢を殺し、父母に逢うては父母を殺し、親眷《しんけん》に逢うては親眷を殺して、始めて解脱を得、物と拘《かかわ》らず、透脱《とうだつ》自在なり」という言葉がある。「殺す」とは、いわゆる人を殺すという意味ではなく、断ち切るの意。つまり、仏や師という絶対的な存在さえも鵜呑みにすることなく、一切の先入観を持たずに対峙すべしと説いている。『臨済録』は臨済禅師の語録。

無（三五頁）
出典：『無門関《むもんかん》 一』『従容録《しょうようろく》 一八』
『無門関』で、ある僧が、「狗子《くす》に還《かえ》って仏性《ぶっしょう》有やまた無しや」（犬に仏性はあるのでしょうか、ないのでしょうか）と問いかけた際の趙州《じょうしゅう》禅師（七七八—八九七）の答え。『従容録』では、同じ問いに対して「有《う》」と答えている。つまり「無」とは、虚無の無、有無の無というよりも、仏心仏性そのものをさしている。『無門関』は南宋時代の禅僧・無門慧開《むもんえかい》（一一八三—一二六〇）によって編纂《へんさん》された公案集。『従容録』は南宋時代の公案集。

直指人心《じきしにんしん》（三五頁）
出典：『碧巌録　一』
直指とは文字や言葉によらずに直ちに本心・本性を指し示すこと。人心とは、自らの心の奥底にある本性。つまり、自己の内なる心をしかと凝視して自己の本性を自覚徹見する、の意。自

身に内在する仏性になりきり、真実の人となるという意味の「見性成仏《けんしょうじょうぶつ》」とともに禅の悟りへの道を示した言葉。

正味《しょうみ》のもの（三六頁）

正味とは正真正銘。純粋で、嘘偽りのないこと。

第二章　人を育てる

何よりもつらかった孤独

死にたいと思ったこと、ありますか？　私は、何度もありますよ。といっても、それは子供のころのことで、大人になってからではありませんが。

子供にとって、世界は家庭と学校がほとんどすべてで、まだまだ小さな世界でしかありません。けれどその小さな世界こそが、唯一なんですね。私自身、そうでした。ですから、その唯一絶対の世界に居場所をなくしてしまうと、逃げ場というのがない。もうどうしていいか分からなくなってしまうのです。

そうした子供の気持ちについてお話をするには、まず、私自身の生い立ちについて語っておく必要があるでしょう。

八歳で寺に預けられた私は、本当につらい思いをしたものです。死にたいとも思ったし、目の前を走っていく汽車を見て、乗れるものなら乗りたいと思う毎日でした。どこでもよかった。

何がつらかったのか。だれよりも早起きして弟弟子たちの面倒をみることでも、ちょっとても失敗をすれば殴る師匠の恐ろしさでもありません。殴られたり蹴られたりというのは痛いだけの話です。痛みはやがて消えます。こき使われるのもへっちゃらです。そんなのは、どうってことはない。

一番こたえるのは、孤独です。精神のつらさ。肉体的な痛みなんて、それに比べたらなんでもありません。孤独、寂しさ、とくに子供にとって寂しさっていうのは、こたえます。一番こたえる。それが何よりもつらかったですね。

けれど、そうした孤独や寂しさを知っているからこそ、人の痛みが分かる。だからこそ、人の上に立つことができるのです。そう考えれば、痛みを知っていることは、よきリーダーとなるための必要条件かもしれません。

人の上に立つ人間は、人々のために全力を尽くす責務がある

私は、大名の家柄の男子として生まれ、物心つく以前から「人の上に立つ」ことを前提にした教育を受けてまいりました。ですから話はどうしても、そうした視点でのものになります。

人の根幹というのは、幼少期に形成されます。大人になってから変わることなんて、ほんのささいなことでしかありません。あえて誤解されるリスクを覚悟で申し上げるのですが、私の思考の根底は、常にトップに立つ人間としてのものの考え方というものがあるといえるでしょう。

上に立つというと、とかく権威的なイメージがありますが、それは間違った認識です。トップとは、その下に裾《すそ》広がりに存在しているすべての人々を束ね、率いていく者。けっして「偉い」わけではない。その人々に選ばれ、その人々のために働く責任を課せられた者なのです。私は、そのことを肝に銘じて生きています。

会社や組織、団体のトップとして、皆を率いていかなくてはならない立場にある方々も、ぜひともその点を心に留めておいていただきたいと思います。

登るなら、大樹に登れ

さて、話は戻りますが、私が生まれた有馬家というのは、かの有馬温泉や競馬の有馬記念ともゆかりのある大名家・有馬家の分家にあたり、父は男爵、母の実家は、さかのぼれば徳川家康の生みの親につらなる家系という子爵の家でした。その二人の間の、三人兄弟の次男として生まれたのが私です。

すでに申し上げた通り、大名の子供というのは、幼いころから、いや、生まれたときから、徹底して自立心を植えつけられるんです。なんでも自分でしなくてはいけない。もちろん、父や私の時代には、大名なんて身分はなくなっていましたが、それでも家には戦国時代からの教訓が受け継がれていて、いつ何時、敵の襲撃があるか分からないという覚悟で生きろと教えられる。だからどんなことがあっても、環境がどんなに変わろうともけっして動じない精神を、物心つかないうちから叩き込まれるのです。

そんなわけで、しつけは非常に厳しかった。食事は必ず正座で、音を立ててもいけない、おしゃべりをしてもいけない。まるで寺と同じです。団欒《だんらん》などありません。

父は貿易関係の仕事をしていましたが、家にはほとんどおりません。母をほったらかして、女のところへ行ったまま、めったに帰ってこないのです。ご多分にもれずの殿様商売で、あれこれと事業に手を出しては失敗を繰り返し借金で首が回らなくなって、母と私たち兄弟は母方の実家、水野家に身を寄せたのです。

ですから、そんな父になり代わって私たち兄弟を教育してくれたのは、母の兄で水野家の当主、水野忠泰《ただやす》という伯父でした。

伯父には本当にいろいろなことを教えられましたが、中でも生涯忘れることのできない、私という人間の根幹を形作った思い出があります。

当時、水野の家は東京の小高い丘の上にありました。アプローチがあって大玄関があって、そこには車寄せがあって。玄関脇には大きな大きなヤツデの木が植えられていた。ヤツデというのは、ちょっと頼りないふにゃふにゃとした木で、それが面白くて、私は従兄弟たちとその木に登って遊んでいました。

ある日、ちょうどそこへ伯父が帰ってきて、車から降りるなり、つかつかつかつかっと私のところに来て「永頼《ながより》（これ、私の本名です）、ちょっと来なさい」と言う。それで伯父についていくと、広い広い敷地の一角にある森まで連れていかれて、その森の中でも一番大きな杉の木の前で「この木に登れ」と、命じたんです。その厳然たる威厳を持った伯父の声が子供心に怖くて、必死に木に飛びつきました。

私、木登りは上手なんです。スイスイと、いくらでも登れる。ところが、二メートルか三メートル登りましたでしょうか、そこから動けない。下でじっと見ている伯父も怖いし、木の高さも恐ろしくて、必死にしがみついているのがやっとでした。

するとで下から、伯父が言うんです。「同じ木に登るなら、大木に登れ」と。そう言い残してすっと帰ってしまった。

以来、この年まで、その伯父の言葉が、ずっと私の精神を支配しているんです。よし、大木に登ろう、と。だから何が起こっても、どんなに環境が変化しようとも、それに耐え、向かっていけるという自信はあるのです。

やがて私は、学習院の幼稚園の二年目に、思いがけず皇太子様（つまり今上天皇です）の遊び相手の一人に選ばれ、初等科へと進学します。ところが、初等科二年の秋に両親がついに離婚することになりました。私たち三兄弟は、ひとまず九州・久留米にある有馬家ゆかりの家に預けられ、身の振り方が協議されたのです。

兄はいずれ家督を継ぐ身、弟はいまだ幼い。二人は父の従兄弟が住む有馬家の別邸で暮らすこととなりました。問題は、真ん中の私です。ある日、水野の伯父に「お前は将来、何になりたい？」と聞かれ、そのころちょうど一休さんの絵本を読んでいた私は「一休さんのような人になりたいです」と答えてしまった。そこで、私は初代久留米藩主豊氏《とようじ》が有馬家の菩提寺《ぼだいじ》として建立した寺に預けられることになったのです。冗談のようですが、これは本当の話です。

九州での小僧修行

そのとき私は八歳でした。もちろん子供ですから何も知るはずもありませんが、私が預けられることになった梅林寺《ばいりんじ》というのは、京都の妙心寺《みょうしんじ》、岐阜の正眼寺《しょうげんじ》と並んで三鬼僧堂《さんおにそうどう》といわれていて、その中でも梅林寺は荒行で知られる寺だということは、後になって知ったことです。

ところが、その寺にはすでに小学生の小僧が五、六人いて、すぐには受け入れられないという。そこで、つながりのある寺で小僧をほしがっているところがあるので、当面そこで待機の身となりました。それが、隣の大分県日田《ひた》市にある岳林寺《がくりんじ》でした。

ここで私の小僧修行がはじまります。住職は、梅林寺での修行を終えたばかりで、三〇歳そこそこという若さ。預かった以上は一人前の僧侶に育てることが自らの使命と思い込んでいたのでしょう、言葉よりも先に手や足が出る。ちょっとでもミスをしようものなら、パーンとゲンコがとんできたものです。寺にはほかに兄弟弟子が二人いて、だれかがした失敗も連帯責任だといって殴られるのが当たり前でした。

繰り返しますが、それでも殴られたり蹴られたりというのは、私にはちっともつらくはなかったのです。寺ですから、お葬式や法要というのがあります。普段は、兄弟弟子三人、学校の鞄《かばん》を持って師匠の前に並んで頭を下げ、「行ってまいります」と挨拶をしてから登校をします。けれどときどき「今日は村で葬式があるけん、学校は行かんでいい」と言われる。それで師匠のお供をして、小僧の、ボロボロになったワカメみたいな衣を着て出かけていくんです。

何よりつらかったのは、その姿で学校の前を通るときでした。同級生たちが窓から見ていて、囃《はや》し立てる。先生までが、ニタっと笑いながら見るんです。「おう、寺の小僧が行きよるばい」「こっち歩くな!」とひやかす同級生の声や表情のうちに、寺の小僧は俺たちより下なんだ、アイツは行くところがなくて仕方がなくおるんだ、という蔑《さげす》みがこめられている。子供は残酷です。

ですから、師匠の後をついて学校の門の前を通るときの屈辱。これは何にも代えがたいものでした。つらかった。そうなると当然、学校へ行きたくなくなる。登校拒否。立派な登校拒否のハシリですよ。

そんな私にとって、唯一、心が休まる場所が、寺の裏手の古墳でした。吹上《ふきあげ》遺跡というのがあって、当時はちょっと土を掘るといろんなものが出てきた。刀子《とうす》や矢じりの先、そういうものがゴロっと現れる。学校に行ったフリをして山へ入り、そうして土を掘り返す時間が、私のひそかな楽しみでした。思い返せば、幼いころから、私は不思議と古いものが好きでした。お蔵に入っては、骨董《こっとう》を眺めてすごしていたのです。

子供には好きなことをやらせなさい

登校拒否やひきこもりが、現代はすごく増えています。原因はいろいろでしょうが、そうした自分自身の経験から、私が親御さんたちに言えることは、一つ。「好きなことをやらしたらいい」ということ。

学校で学ぶことは確かに大事だし、学校でなければ学べないものもあるでしょう。でも、だからといって、そこで子供が受ける心のダメージのほうが大きいのだとしたら、それを押してでも学校に行き、みんなと同じことをする必要が本当にあるのでしょうか？　こんなことを言ったら、先生や親御さんからひどいお叱《しか》りを受けるかもしれませんが。

実は、私のところでは、登校拒否の子供を集めて仕事をさせています。三、四年ほど前にスタートした試みですが、みんな喜々として自分の仕事に取り組んでます。生き生きとしている。

子供たちがふさぎ込む、不登校になる、人間嫌いになるというのは、必ず原因があるんです。だけどその原因を、親が突き止められない。なんでこうなったのか、さっぱり分からない。これは大問題です。大人が分かってやらないと、子供は自分の力ではどうにもできません。

子供が部屋に閉じこもって、ふさぎ込んで出てこない。その現実だけを追及して子供を責めちゃいかんのです。なんで子供がこうなったのか、これを突き止めていくのが子供に対する親の義務なんです。そこをちゃんとしなくては、子供は絶対に復活できません。

私は子供のときから、自分のことは自分でやる、自分の問題は自分で解決するという生き方を叩き込まれましたから、どんなときでも自力でなんとかできる自信がありました。でも、そんな人間のほうが今の世の中、稀《まれ》なんです。

これは子供に限ったことじゃない。若者ばかりか、いい年になっても、よくいえば繊細、はっきりいえば集団生活に適応できない人間が、ごろごろといますね。部下にだって、いるでしょう。そういう人たちは、いくら「がんばれ」と励ましたり、「だめじゃないか」と叱咤《しった》したところで、どうにもなりません。

いい大人なんだから、これはもう子供のころに彼らをそう育てた親の責任なんです。しかし、そうした中にもきらりと輝く才能やいいものを持っている者がいる。その人間に生かすべき魅力があると感じたなら、あるいはそれが全体にとってのメリットになると思えるのなら、面倒を承知でじっくりと彼らの心と向き合ってやることもまた、上の者として必要でしょう。

ここからしばらく、子供の教育というものについて語りますが、会社や組織を家族、子供を部下に置き換えて考えてみると、中にはあてはまる事柄が多々あると思います。もちろん全部ではありませんが。

幼児教育が一生を作る

私が寺へ来て、最初の晩のことです。寝るときに、着ていたものを脱いで、ちゃんと畳《たた》んで枕元に置きました。これは私にしてみれば当たり前のことだったのです、ところが我々小僧の世話をしてくれていたおばさんがそれを見て、「まあ、この子は変わっちょるばい、着物ば畳んじょるばい」と、驚いた。それを聞きつけた別のおばちゃんたちが、みんな見に来たぐらいです。

要は、幼いころのしつけなんです。今は、お箸《はし》さえきちんと持てない子供がたくさんいるでしょう。日本人がどうして手先が器用かといったら、生まれてすぐからお箸を持つからです。その、お箸を持つということ自体ができなくなってきた。これは由々しき問題です。

恥ずかしいとか、そんな問題ではないんです。お箸がちゃんと持てないということは、手先の器用さが失われ、やがてはそれが食生活のスタイルを崩し、日本ならではの伝統工芸などさまざまな手技が失われることにもつながりかねないからです。

小さなことのひとつひとつがなし崩しになっていく、その一点だけを見つめていると別にたいしたことではないようにも思えるかもしれません。けれど、少し引いて全体を見たときに愕然《がくぜん》とする。それでは遅いのですよ。

親御さんたちの中には、別に自分の子供がお箸がきちんと持てなくたってかまわないじゃないか、と言う人もいる。人に迷惑をかけなければ、できないこと、したくないことを無理にさせなくてもいいという考え方もあるでしょう。

それも一理です。しかしそこには大きな前提があることを忘れてはなりません。最低限、人として生きるためのルールがある、ということです。そこを抜きにして、いきなり自由にしていいよとなってしまったら、ずっと先に開けるはずのもっと大きな自由への可能性を、逆に殺すことになってしまいかねません。伸びようとする能力をかえって抑えつけてしまう気がしてなりません。

ですから学校以前の、家庭での教育というのは、その子の将来を、一生を決めていくもっとも大切なものなんです。この時期に覚えたことは生涯、忘れない。幼児教育は本当に大切です。両親がどこかに遊びにいっちゃって子供を置き去り、みたいなのは最悪です。

常に子供と接することの大切さを、世の中の親たちはもっと自覚しなければ。

子供はすごい力を持っていますから、たとえ親が何も教えなくても、ただ一緒にいる中からも、自然といろんなことを学んでいくんですね。生きていく術《すべ》を理解していく。その力を正しい方向に導き、伸ばしてやれるのは、やはり親なんです。

しかし、最近では、その親自身に問題が多い。たとえば新幹線のグリーン車に乗るとき。わざわざグリーン車に乗るには、ちょっとゆっくりと休んでいきたいなという思いがあるわけでしょう。ところが、ちっちゃい子供がギャーギャーと走り回っていたりする。そこで、こちらが、静かになさいと子供に注意すると、反対に親のほうが「なんや、この人、他人の子供を叱るなんて！」と目をむく。最悪です。

孤独からの脱出には時間が必要

物心つく以前から武家の子供としての心構えを叩き込まれ、大きな人間になれという伯父の教育を受けて育ったおかげで、どんな状況にあっても真っすぐに生きていく強さを持っていた。その私にとってさえ、孤独感はいかんともしがたいものでした。

これはどうしようもない。自分自身の中から出てくる悲しみなんです。外から与えられる、殴られる、蹴られるという痛みは、癒しようがある。けれど、自分の内側から出てくる悲しみ、これはどうしようもないんですね。

そうはいっても、人間、健全な心を持っていれば、その状況から抜け出す術をなんとか自分の力で見つけられるものなのです。いつまでも悲しみにひたっているわけにはいかないと、やがて気づき、そこから抜け出す努力をはじめる。

とはいえ、どんなに健全な心を持った子供でも、ここから脱出するには時間がかかります。年という単位の時間がかかるでしょう。すぐに事が好転しないからといって、焦ってはいけません。

私は小学四年ぐらいから、自分自身のことはもちろん、兄弟弟子たちの炊事や洗濯まですべてやっていました。飯《めし》炊きして、食事の世話をして、弟弟子を学校に送り出して、それから自分の飯を食い、後片づけをすませて学校へ行く。学校はすぐそこなんです。走れば五分ほどで行ける距離なんですが、私が学校へ着くころにはもう一時間目が始まっていて、時には終わりかけていることもしばしばでした。そこへ駆け込んでいく。そんなことがずっと続いて、それでも、師匠のお供をして葬式や法要に行くことに比べたら、まったく苦になりませんでした。

もう少し大人になっていれば、逃げるという知恵も働いたんでしょうが、そんなことは考えもしない。子供にとって、今ある世界が、世界のすべてなんです。一時間に一回ぐらい汽車が目の前を通っていく。それはほとんどが貨物の汽車なんですが、ああ、この汽車に乗ってどこかに行きたいなと思うのが精一杯。「どこか」に、何かがあるんじゃないかと思う。けれど、どこへ行く？　その先を考えて実行する才覚は、まだないんです。ただじっと、汽車が通っていくのを見送るだけ。泣けてくるんですよ、情けなくなって。

どん底こそ心を育てるチャンス

昔は石炭ですから、汽車は煙を吐くんです。寺のまん前に、光岡《てるおか》駅という駅があって、出発のときに機関車がポーッと汽笛を鳴らして煙をふかす。そのときにたまたま煙突からの煙が輪になって出るときがあるんです。それがふわーっと舞いながら、ずっと高いところまで上がっていく。流れていく煙とはまったく別個に、一つだけ、上がるんです。そんな煙を見つけたときには、ああ、美しいなと思ったものです。

汽車をただ見送るんじゃなくて、その汽車の煙に素晴らしい美を見いだす。その美しさを素晴らしいなと感じ、さらに、そういう美を発見し、美しいと感じられる自分自身に気づいたとき、漠然と、なんとかなるのかなと思えるようになった。自分の逃げ場を見つけた気がしたのです。昔、蔵の中に閉じこもって、いろいろなものを見ていたとき、寺の裏山で古墳を探索していたとき、そして汽車の煙を見上げていたとき、そこには、美という共通点があったのです。

美しさを発見することに、喜びを見いだす。子供なりの無意識の知恵で、私はつらさやさびしさを美の発見という喜びに転ずる力に変えていったのです。

子供は感受性がするどいから、ものごとを素直に吸収していくんですね。だからこそ、本当にちっちゃいころに、人として生きていくための基本を叩き込んでおかないと。

今の子供たちが登校拒否とかひきこもりとか、いろいろとふさぎ込んでいくのは、結局、大人の責任なんです。大人に責任がある、これはぜひ、言っておきたい。だから子供たちは全然悪くないんですよ。大人に責任があるということを、もっと大人が自覚しなくちゃいけないですね。

だれかのせいにする前に、親が責任を持って教育せよ

今は、教育は学校の先生の問題のように言われているけれど、学校の先生にしてみれば、それ以前のことがあるでしょうと言いたいですよね。たとえば、給食でも「うちの子供はおかずが少なかったって、うちへ帰って泣いたんです」というクレームがくるという。とんでもないことです。そんなご無理ご無体《むたい》を言ってのける親こそ、再教育しなきゃいけません。

しかし、どう再教育するか。そこが問題や。だめな親たちを、いっそどつき回してやりたいところですけど、そんなことしたらまた、クレームでしょうなぁ。

文部科学省も教育方針をクルクルと変えて、いい結果が出るとはとても思えないんですが。絶対だめだと思う。なんでこんなけったいなことをするんやと、思います。今さら、ゆとり教育は失敗だったと言われて、ゆとり教育を受けさせられた世代はとんだとばっちりです。

私が受けてきた小僧教育というのは、普通の学校教育とはまたちょっと異質なものでしたから、それが参考になるのかならんのか分かりません。しかし、どんな教育をするにしても、肝心なのは、人間が生きていくうえで何が重要か、それを徹底的に教えることです。強固な精神、何があってもぶれない、ずれない、「不動心《ふどうしん》」にほかなりません。

しかしまあ、学校が悪い、国が悪いと言う以前に、まず、自分の子は自分が責任を持ってまっとうな人間に育てるという自覚を、親が持たないことには、この国の未来は絶望的ですよ。

ときには殴ることも必要

何かといえばすぐ殴る蹴るという師匠でしたが、何もないときにむやみやたらと殴るわけじゃない。ちゃんと、訳があるんです。

ほうきで掃いているときに、逆さまの柄のほうで殴られます。これは痛い。頭であろうと、どこであろうと、パーンとくる。拭き掃除をしていて、タッタッタッと真っすぐに雑巾をかけていって、廊下の向こうまで行ったらくるりと向きを変えて、今度は今ふいた横をタッタッタッ。ところが、ときにはそこに隙間ができてしまうことがある。近くで見ていると雑巾がけをした跡がよく見えず、隙間があることに気づきにくいのです。

それを離れて見ていた師匠が見つけると、サッと私の手から雑巾を取り上げて、そのままの勢いで、ビシーッと返ってくる。これも痛い。硬いもので殴られるのはもちろん痛いけれど、濡れ雑巾で殴られるほうがずっと痛いんですよ。

その痛みの記憶が、この次からこの点に気をつけなくてはいけないんだという記憶になる。目をこらして、隙間がないかどうか確かめながら雑巾がけをするようになる。そうやって、師匠のおかげで、だんだんと、ものごとのあるべきやり方というのを叩き込まれていくんです。だんだんだんだんだん、完全にできるようになっていく。

禅の修行というのは口で言うよりも、どつくのが早いんです。ああせえ、こうせえじゃないんですね。これが分からんのか、このバカ者！　と、こづかれて、体で納得していく。これも体験です。

中国のことわざに「獅子《しし》の子落とし」というのがあります。獅子がわが子を谷底へ、本当は落としたくないけれども、落とす、というやつです。子獅子は必死に這《は》い上がろうとする。そうして、這い上がってきた子供だけを親獅子は育てる。

一見すると、とても冷徹なように思えますが、もしそこで情けをかけて這い上がってこられなかった子獅子を助け出したとします。どうなるでしょう？　その子獅子は、そこでは命が助かった。けれど別の危機に出会っていく中で、おそらくは早々に命を落とすこととなるでしょう。そればかりではありません、その子をかばいながら行動することで、ほかの兄弟獅子たちの命も、より危険にさらされることになるのです。

まあ、これは極端な話ではありますが、実は教育の基本とはそういうものではないでしょうか。一定のルールが守れない、一定のレベルにどうしても達することができない、そういう人は、その集団の中にはいられない、というのは当たり前のことなんです。なにも難しいことを求めているのではありません。守るべきものは、人として、基本的なことなんですよ。

どんな過ちにも、救いの一言をかける

小僧時代、何度、死んだほうがましやと思ったか。すでにお話しした通り、他人に囲ま

れた生活の中で、学校ではいじめられて、自分の孤独を痛いほど感じていた少年時代、いつもそうした思いが頭をよぎっていました。とはいえ、それはまだ「今の自分の状態よりも、いっそ死んだほうがまし」という逃げ場として「死」を意識していたにすぎません。

そんな少年時代に、一度だけ、本気で死を覚悟したことがあります。

それは、一〇歳になるかならないかのころ、小火《ぼや》を出してしまったときのことです。弟子の「火事や！」という声が聞こえて、あわてて飛んでいったら、杉戸に火が回っていて、もうすぐ天井まで届くばかりに炎が上がっていました。すぐに火は消し止めることができ、火事そのものは事なきを得たのですが、問題はその先です。

火事の怖さより、師匠がどう怒るだろうと、その心配のほうがじわじわと湧いてきて、膨れ上がってしまったのです。

それはもう怖い師匠でしたから、おそらくこれはとんでもないことになるに違いない。じっと座って、ああ、いよいよ、死ななあかんかな。死んでお詫びをするしかない、と。一時間ばかり、焼けた杉戸の横で呆然《ぼうぜん》としていました。

そうしているうちに、外出していた師匠が帰ってみえて、部屋の戸をガラッと開け、焦げ跡をご覧になった。そして、「なんや、片づけんかっ！」と怒鳴りつけられた。

ハッと目が覚めました。

そうや、こんなふうにしてる場合じゃない、とにかく片づけなくてはと、師匠の声ではじめて体が動いたのです。それから片づけをはじめて、焼けた跡は師匠がきちんと修理してくださいました。

そのときの師匠のとられた態度で、私は救われました。

あのとき、もしも師匠が、まず最初に、いったいどうしてこんなことになったんだと責任を問うておられたら、私は、死んでお詫びをと、本気でそう思い詰めていたことでしょう。ところが、師匠は、まず最初に「片づけろ」とおっしゃった。原因だ、責任だでなく、本当に大事なのは、今目の前にある状態を元に戻すことだ、と瞬時に、たった一言で教えてくださった。

今何が必要で、どう行動するべきか明確に指示すること。それこそ本当の意味での救いなのだということを、私はそのとき、身をもって知りました。責めることで相手を追い込むことはあっても、救うことはできません。けれどだからといって、なぐさめたり、甘やかすことが、必ずしも子供を救うことにはならないのです。現実をきちんと見通した、大人のなんでもない一言が、どれほど大切か。

子供というのは、まだまだ小さな世界しか知りませんから、大人にとってみればたいしたこともない出来事が、死さえも思い詰めるほどの一大事になってしまうのです。

実際私も、その火事の際には、小僧弟子の中で一番の年長である自分が責任をとって、裏山に入ってのたれ死にしなくてはいけないだろうかと、本気で考えていたのですからね。

行動せよ！——冷暖自知

人としての基本を身につける。私どもの禅宗の修行は、それを徹底的にやらせます。体験を通して徹底的に。だからこそ身につくんです。身についたこと、体験を通して納得したことだけが正真正銘なんです。

耳や目から入ってきたものは、単に外から入ってきた情報でしかありません。「門より入《い》る者は是《こ》れ家珍《かちん》にあらず」というのは、そういうこと。門（外）から入ってきたものは宝物じゃないんだよ、本当の宝物は自分自身の中から出てきたものなんですよ、ということです。

前にも言いましたが、禅の修行の第一は、「冷暖自知」です。目の前の器に入っている液体が熱いか冷たいか、それは見ていても分からない。まず飲んでみる。その行為がいかに重要かということです。そういう当たり前のことが分からないから、バシッと殴られる。そうしてはじめて、なるほどなと分かるんです。

あくまでもこれは、私の小僧修行の話であり、禅の修行の話です。今、親や先生がそんなことをしたら、やれPTAだ、教育委員会だと、大変なことになってしまうかもしれません。当たり前の基本が通用しない。いやはやなんとも大変な世の中です。

うちの檀家《だんか》にも熱血先生がいて、これが実に面白い人物なんです。卒業生が最近結婚して、相手の女性を連れてやってきたのだそうです。「うちの嫁はんです、よう見てやってください」と教え子に言われて、「そうか」と、その嫁さんのスカートをパーンとまくった。その場にいた全員がびっくりしていると、「なんや、よく見てくださいって言うから、よく見たのに」って、あっけらか〜んと言った。みんなして、大笑いだったそうです。

会社でこんなことをしたら、それセクハラだ！　と大騒ぎになるのは必至でしょう。まったくもって、おおらかさが足りないなと思います。こちらに下心や邪心があるか、ないか。相手には不思議と伝わるものなんです。逆に言えば、仕事のうえだけではない、人と人としての関係がしっかりと築けている間柄であれば、騒ぎなど起こらないと思うのは、私だけでしょうか？

どう受け取られるだろうと相手の反応ばかりを気にするあまり、このごろは子供だけでなく大人も、妙に抑制されすぎて、萎縮《いしゅく》してしまっている気がします。相手の心を思いやることは大切ですが、気を回しすぎるのは問題ですね。人と人のコミュニケーションのあり方、そのあるべき姿を、いま一度、思い出していただきたいと思います。

己れの尊厳が、いじめをはねのける

コミュニケーションというのは、ちょっとしたきっかけなんですよ。相手のふとした心の動きに気づけるかどうか。それには自分自身が冷静な判断力を持って人に接しなくてはなりません。そして、冷静な判断力を培《つちか》うには、まず、人間と人間の正味のぶつかり合いが必要なのです。

禅は、殴る、蹴るといった荒っぽいことばかりをしているわけではありません。口やかましくクドクドと言って聞かせるよりも、直接、肉体同士がぶつかるほうがどれだけ効果があるか。たった一瞬で、ハッと気づくことがある。この「ハッ」の瞬間が大事なんです。私も子供のころ、いじめられた。じっと唇をかみ締めて、黙って耐えているんですけど、やっぱり心はいじけていくんですね。

東京から来た、学習院の制服を着ている、革靴を履いている、それだけで彼らには「気に入らない」。自分たちと異質な者は、十分、いじめの対象になるんです。生意気だ、やっつけてやれ、となる。ボカスカ、殴りかかってくる。

最初のうちは、じっと耐えていたのですが、それはかえって逆効果でした。

ある日、ふっと思った。あっ、これは私が無抵抗でじっと黙っているからだめなんだ、と。敢然として相手に立ち向かわないといけないと気がついた。いじめられるのは、そこに必ず何か原因がある。相手に「こいつをいじめたい」と思わせる何かがあるんです。

私の場合、「同級生たちと違う」ということがきっかけだった。けれどさらに彼らを助長させた原因は、私の態度にあったのだと思います。気持ちを閉ざして内側に閉じこもっていく私に、彼らは卑屈さを感じ取り、いらだったのでしょう。同じ沈黙でも、自分の殻に逃げ込むのと、相手をぐっと見据えるのとでは、まったく別のものです。

そうして私が自分に逃げ込むことをやめて、顔を上げ、相手に正面から向き合うようになると、不思議ですね、いじめがなくなっていった。やるならやれよ、いいじゃないか。お前たちがいくら殴ろうが、蹴ろうが、俺の尊厳というものはけっして汚されるようなものじゃないんだと、平然としていた。

かつて伯父に植えつけられた自立心が、ここで生きてくるんですね。

いじめの大将が、一番の親友に

ガキ大将というのは、ただ腕力が強いだけではなれません。それなりの器量がなければ務まらない。人の心を察する能力に長けているものなのです。

まず最初に、先頭に立って私をいじめていた彼が、私の毅然とした態度に、オッと思った。それからはいじめがなくなりました。ときたま、ちょっとランクの下のやつが私をいじめにかかろうとすると、その彼が「こら、お前、なんばしちょるとか!」と、私をかばってくれる。子供たちにはそういう社会があるんです。

何があろうと、毅然としている。けっして自分自身を偽らず、誠心誠意、相手にむき合う。そういう姿勢が、取っ組み合いをする中で、ガキ大将には伝わったのでしょう。誠意を持って人にむき合えば、必ずその誠意は通じるんです。

そうして、一番のいじめっ子だったその彼が、今は一番、親しい友達になっています。彼は今も日田に暮らしていて、何年かに一度しか会う機会はありませんが、それでも、まるでつい昨日も会っていたように、すーっと、お互いの気持ちに入り込むことができる。それも、本気でぶつかり合った経験があるからこそ、です。

師匠の結婚

師匠のもとでの小僧時代は、伯父に植えつけられた強い精神をさらに鍛えられた。これは大きいですね。何ものにも冒されない、何ごとにも動じない、そういう精神を培ってくれました。

この師匠が、ある日、結婚をされるということになりました。お相手は、寺にお預かりした学生さんのお姉さんでした。

その方は、別府の名士のお嬢さんで、本当に素晴らしい、すてきな女性でした。紫式部というのはこんな人だったのではないかなと、子供心に思い描くような、才色兼備の方で。お部屋に古新聞を敷いてそっと御髪《おぐし》を梳《す》かれる姿が、非常に美しくて、あこがれたものです。

ところが、やがて年に一度か二度、師匠と口喧嘩をするようになった。聞くとはなしに聞こえてくるんです。奥様が生まれ育った別府というのは都会で、ところが日田というのは、本当にひなびた小さな町。のんびりとしたいいところではありますが、まあ、田舎なんです。

都会育ちのお嬢様が、そんな土地にやってきて暮らしていたら、そりゃあ、退屈です。何もすることがない。いや、することはあるんですよ。寺の大黒さん（奥さん）として、掃除や檀家とのつきあいとか、するべき仕事はいくらでもある。けれど、彼女は才女ではあったけれど、そういう生活の実務能力がまったくなかった。こんなところでは何も生きがいがない、こんなところで埋もれたくない、というわけです。師匠が「そないなこと言うたって、寺に嫁に来たからには、お寺の仕事を一生懸命やらなきゃいかんばい」となだめ諭《さと》すんですが、むかないものはどうなだめてみたところでむきません。

同じ心のさびしさを抱えて

思うに、その奥様は、私の母親と同じタイプなんです。母親は炊事、洗濯、まるでだめ。料理といえば目玉焼きしかできない。目玉焼きが料理かっていう問題はありますがね。絵が得意で、一日中絵を描いているという人でした。

よう似てるんです、その母と。ですから、どこかで師匠の奥様に母をダブらせていたんでしょう。母の日本画は、先生について本格的に修業しただけあって、道楽の域を超えた素晴らしいものでした。八歳で別れたきり、とうとう一度も会えないままだったことや、母が亡くなったことも随分と後になってから知らされたということもあってか、私にとって母はもっとも素晴らしい女性として心の中に存在しているんです。見事なマザコンです。

喧嘩をするとその奥さんは別府の実家へ帰られる。だけど一週間もすると、また寺へお戻りになる。師匠も喜んでお迎えする。ところが、喧嘩の間隔が短くなるのと反比例するように、戻ってくるまでの時間がだんだんと長くなっていきました。

師匠は、汽車が光岡駅に着くたびに、表へ出て待っているんです。でも、帰ってこない。そんなとき、がっかりしている師匠は、背中が本当にさびしそうでした。あの汽車に乗ってどこかに行ってしまいたいと思っていたかつての自分自身と、汽車から降りてくるはずの人を待ち続ける師匠と、どこか似ていたように思います。どっちも、ひとりぼっちで汽車を見つめていた。

そういうことがずっと続いて、とうとう実家へお帰りになったきり、奥様は二度と寺へ帰ってこられなくなりました。

そんなことがあって、しばらくたったある日、私ども三人の小僧は師匠の部屋に呼ばれました。がん首そろえて師匠の前に座ると、「わしはな、もう一度修行に出る。お前たちは次の新しい師匠に仕えなさい」とおっしゃる。「今までお前たちには随分と厳しくしてきたが、よくこらえてくれた」。すまなかったと、はじめて師匠が弟子に頭を下げたのです。

それで私に一冊の本を差し出して「お前は心の優しい子じゃけん、この本ばやる」と言って、『緑の魔術』という本をくださいました。それは、植物がいかにして成長し、この地球を豊かにするかということが書かれた本でした。

そのときに師匠の本当の愛情が分かりましたね。師匠はちゃんと私のことを見ていてくれたんだということを知り、泣けました。師匠も涙を流してらした。殴ったり蹴ったりされたことも、そこにちゃんと愛情があるとどこかで分かっていたからこそ、私は師匠のことを一度も憎いとは思わずにいられたのです。

最終学歴は国民学校卒業、それで十分や

旧制中学の一年のときに終戦になり、ちょうど旧制中学から新制中学へと切り替わるところでした。寺の仕事をしていた私は出席日数が足りなくて留年してしまったのです。そうしたら師匠（このときはまだ最初の師匠です）が「お前は学校行かんでよか」と。学校は苦手でしたから、これはありがたい、こんなうれしいことはない。渡りに舟だ、と喜びました。

そんなわけで私は、新制中学には行っていないんです。履歴書も、実にシンプルです。日田市立光岡国民学校卒業、以下なし、です。

ところが私のその履歴を見て、みんな言うんですよ。「えっ、猊下、ご冗談を。隠さないでくださいよ、どちらの大学です？　学歴詐称はいけませんよ」ってね。

学歴詐称だなんて、人聞きの悪い。詐称というのは、行ってもいない学校に行ったと言うことで、私のは、正真正銘、それがほんとの学歴です。

ときどき、京都の大学で、講座を持ってほしいという依頼がきます。そういうときは、「あのな、わし、大学って何するところか全然分からへんのや。あかへん、あかへん」と答えるんです。そもそも、普通は、そこそこの大学へ行かなければ、教授というものにはなれないわけでしょう。それをなんでこの私が。「ま、お声をかけていただけることは、実にありがたいですけどな」と丁重にご辞退させていただいてます。

だれに何習ったわけやなし、どこの学閥《がくばつ》でもなし。小学校を出てから先は、自分が知りたいこと、本当に学びたいことだけを勉強してきました。興味のあることしか学ばなかったけれど、逆に、必要なすべてを独学で学んできたというわけです。

勉強は、学校に行ったからできるというものではありません。「忙しくて、時間がないから」とおっしゃる方もたくさんいます。でもね、それは「できない」んじゃなくて、「しない」自分への言い訳です。勉強なんて、したいと思えば、いつでも、どこでもできる。私がいい見本ですよ。

興味のあることを学ぼう

最初の師匠の後に来られた岳林寺での二番目の師匠は、前の師匠とは正反対の方でした。ちょっと学者肌で、学生時代に非常によく勉強なさったというタイプです。

私は、仏教や寺のことなど本当になんの知識もないまま、八歳で岳林寺に入門しましたが、前の師匠から、すでにお経とか寺で必要な基本のすべてを教えていただいていました。新しい師匠からは、『臨済録《りんざいろく》』あるいは『碧巌録《へきがんろく》』『無門関《むもんかん》』といった禅宗の語録や公案集をきっちりと教えていただきました。『観音経《かんのんぎょう》』とか『金剛経《こんごうきょう》』といったお経も、返り点を打って、訓読まで全部教えていただいた。その当時、私はまだ一六歳でしたが、同年輩の中で、訓読まで読みこなせる者は、私のほかには一人もいませんでしたね。

その師匠が寺に移ってらしたときに、『世界文学全集』というのを持ってらしたのです。本箱にずらっと並んだ中から、師匠に内緒で一冊ずつそっと持ち出しては、夜中に夢中で読みふけりました。夜は早々に部屋の電気は消されてしまいますから、ひとり押入れにもぐり込んで、仏壇で使った後のチビたロウソクがなんぼでもありますから、それを集めておいて、灯してね。『世界文学全集』をほとんど読み終えるころには、押入れの中はもうロウソクの煤《すす》で真っ黒になっていました。

でも、もしも違う環境だったらどうだろうと考えることがあります。もしも、両親が離婚せず、あのまま学習院の初等科から中等科へと進み、何ひとつ不自由することのない生活が続いていたとしたら、はたして私はあんなにも貪欲《どんよく》に何かを吸収したいと思っていたのかどうか。人間、あんまり恵まれすぎていると、何を選んでいいのか分からないものです。反対に、カラカラに乾いているときに本当に自分が欲しいものが見えてくるのかもしれません。

片っ端から読んだ中でも、エドガー・アラン・ポーの『赤き死の仮面』には興奮しましたね。アンリ・バルビュスの『地獄』なんていう本は、なんとすごい世界があるのだろうと感心したものです。おそらく、同年輩がまだ知らない世界を、私はそうやって早々に知った。おませな子供でした。

師を見極める

普通の子供が家族と暮らしているような年頃に、私は、小僧として、まったくの他人の中で育ちました。家族どころか親戚すら一人もいない。他人ばかりの中で一人、孤独にすごしました。だから、人の心が読めるんです。子供心に、この人は何を考えているのか、いい人か、悪い人か。瞬間に、すぐ分かる。

日田での二人目の師匠には大変お世話になったけど、心の底では、おそらく自分は生涯この方を師として仰ぎ続けることはないだろうと感じていました。

仏教では、新しい住職になると、晋山式《しんざんしき》というものをして檀家さんたちにお披露目をするんです。田舎ですから、信徒の方々からお祝いとしてたくさんのお米が届けられます。新しい師匠の晋山式には、米がいっぱいに入った、ひとかかえもあるような大きな瓶《かめ》が四つも五つも届きました。

それを見た師匠が言ったのが「よし、わしがこの寺を金持ちにしちゃる」という言葉。この寺を立派な寺にしていこうという気持ちが、そういう言葉になったのでしょう。しかし、それを耳にした瞬間、私は、ハッとしました。お寺を金持ちにする。それはとりもなおさず、ものごとの価値観を銭《ぜに》勘定で考えることにほかならないと。弟子の身ながらそう思いました。

言葉は怖いですね。なにげなく口にしたたった一言に、その人の本質が見えてしまう。本来なら私は、そのまま修行を続けて岳林寺を継ぐべき立場の人間でした。それを前提に寺に預けられていたのです。けれど、この師匠のもとでさらに修行を続けていく気持ちにはなれなかったのです。

禅では、師匠を自ら選ぶことができます。納得がいくまで、さまざまな師匠を尋ね歩き、その門下で修行をする。はじめから生涯の師に出会うことができる人もいるでしょうし、なかなかめぐり合えない人もいます。ときには「この人こそ生涯の師」と一度は思ったものの、その門下で修行を重ねるうちに違う道へと分かれていくこともある。

二人目の師匠が寺にいらして何年もが過ぎて、やがて京都に修行に出るときには、私は二度とここへは戻らない、という覚悟をしていました。

京都へ行く日には、檀家の方が何十人と、駅に来てくださって、万歳三唱で見送ってくれました。みんな、やがて私が帰ってくると思ってるわけです。でも、私の心は、決まっている。二度とここへは帰らない。そうして京都に向かったのです。

相国寺に入山を許された私は、大津櫪堂《れきどう》老師という生涯の師匠のもとで修行し、相国寺派の管長になり、金閣、銀閣の住職を兼ねるまでになりました。今度はもう、帰ろうと思っても帰れない立場になってしまいました。

子供のときに伯父に叩き込まれた「大木に登れ」という精神を原点に、しごかれ、殴られ、蹴られた小僧時代があって、さらに京都での修行時代へとつながっていく。

不思議ですね。伯父の教えがなかったら、小僧時代を耐え抜けたかどうか。そして、しんどい小僧時代があったからこそ、京都での修行にも耐えてこられた。人が歩んでいく道には、ちゃんと上っていけるように階段が用意されているのです。

◎禅語・仏教用語解説

不動心《ふどうしん》（六二頁）

ゆるぎのないもの、寂静《じゃくじょう》。さらにはいろいろな妄想煩悩に惑わず動揺しない心のこと。沢庵《たくあん》和尚（一五七三―一六四五）は『不動智神妙録《ふどうちしんみょうろく》』の中で、動かないことではなく、無念無想で自主自在に動く心、を説いている。

獅子《しし》の子落とし（六三頁）

出典：『無門関《むもんかん》　一五』

「獅子《しし》は児《じ》に教《おし》う迷子《めいし》の訣《けつ》」が原典。獅子の親は愛情ゆえにわが子を谷に突き落とし、その子の力をためすという中国のことわざ。禅では、すぐれた師匠が弟子を鍛えるためにわざと突き放すこと、の意。

門より入《い》る者は是《こ》れ家珍《かちん》にあらず（六七頁）

出典：『無門関　叙』

外から入ってくる知識ではなく、自分自身の心の中から出てきたものが本物である、の意。あとに「縁によりて得るものは始終成壊《じようえ》す」（縁によってできたものは成就したり、こわれたりするものである）と続く。

冷暖自知《れいだんじち》（六八頁）

出典：『無門関　二三』

『正法眼蔵』の「弁道話」には「証の得否《とくふ》は修せんものおのずからしらんこと、用水の人の冷暖をみずからわきまうるがごとし」とある。

第三章　人を動かす

「やり方」さえ知っていれば、ものごとはおのずから動く

ものごとを動かすには「やり方」というものがあるのです。

「どうしたら、そないに上手に、ものごとを動かせるんですか？」と、よく人から聞かれますが、そんなの簡単なこと。何も難しいことはない。いま目の前にある状態をよく観察すれば、やり方なんてものはおのずと見えてくるもの。分からん、分からんと言う人は、往々にして、そもそも問題の本質が見えていないのです。

たとえば、古都保存協力税、いわゆる古都税をめぐって京都仏教会が京都市に猛烈に反対をした、歴史的な事件を例にとってお話ししましょうか。

そもそもの発端は、一九八二（昭和五七）年、当時の京都市長が発表した古都保存協力税構想です。年間の拝観者数二万人以上の寺社から、拝観者一人あたり大人五〇円、小人三〇円を徴収する、というもの。簡単に言ってしまえば、宗教法人である寺社からは固定資産税などの税金が取れないので、それなら寺社を訪れる観光客に税金を払ってもらおうやないか、というわけです。

けれど私たち寺の側からすると、こんなおかしな話はない。境内に入れば、そこにあるすべて、建物はもちろん、庭や、草木の一本にいたるまで、すべて仏性が宿っています。拝観というのは、そのありがたい存在に対しての宗教行為にほかならないのです。そういう宗教行為に課税することは、憲法に謳《うた》われている信教の自由を侵害する可能性があり、政教分離の原則にも反すると思います。

第一、市はもっとも肝心なことを見ようとしていませんでした。当時京都を訪れていた年間三八〇〇万人の観光客の多くは、寺社の拝観を大きな目的としているのだという事実を、少しも理解していなかったのです。

ですから、古都税なんてものは、とうてい受け入れられません。ところが、当事者であるはずの我々寺社の反対を押し切って、市は一方的に古都税条例案を議会で通し、施行したのです。

となれば、こちらは対抗手段をとらなくてはなりません。一丸となって反対をしようと立ち上がった寺は、最初、三〇カ寺ぐらいありました。ところが一抜け、二抜けという形で、だんだんと減っていった。それぞれのお寺の事情とか、あるわけです。そうして最後に残ったのは一一カ寺でした。

その過程を、じっと見てますと、途中からもうだいたいの結果は分かるものなんです。おそらくここは続かないだろうなというお寺さんは、だいたい見当がつく。最後に一一カ寺残ったところで、私は確信しました。これ以上、けっして減らない、と。事実、その通りの結果になりました。

そこのトップの方、つまりご法主様とか管長様との人間的なおつきあいが固いところは、まず大丈夫。ご自分のお寺の中でリーダーシップをきちっと発揮されているトップがおいでになる寺というのは、大丈夫なんですね。そう確信できたとき、満を持して私がとった行動は、閉門という手段でした。門を閉ざし、蟻《あり》んこ一匹入れさせないという決意で、一切の拝観を停止したのです。

黙って成り行きを見つめていれば、落としどころは見えてくる

門を閉めて、一切の拝観を停止する。ある意味、これは自殺行為に等しいことです。

せっかく京都までいらした観光客の方々にお参りをいただけないというのは、本当に申し訳ないことですが、現実的なことを言えば、寺にとっても拝観停止はハンガーストライキみたいなもの。こちらだってつらいのです。

周囲からは、何をばかなことをやってるんだというお叱りを受けるし、観光客の方々の不満もむけられる。たまりませんよ。そういう周囲からの批判を恐れていたら、門を閉める勇気などなかなか持てません。

普通ならこの段階で脱落者が出てもおかしくないのですが、私が思った通り、一一カ寺すべてがそれに賛同した。そろって門を閉めることになったのです。

もちろん、提案したら即決、というわけにはいきませんでした。本当に閉門をするべきかどうか、議論が何度も重ねられました。

このとき、私はどうしていたかというと、ただじっと、事の成り行きを見ているだけ。騒がず、動かず、じっと見ている。見るのはただですからね。人の発言に、「そうか、なるほどな。いやあ、あんた、なかなかええこと言うわ」なんて、にこにこ笑って言いながら。

それぞれ言いたいことがある。だからひとまず、それを全部聞く。ひと通りしゃべってしまうと、みんな、だんだん意見が出なくなってくるんです。いろんな考えが出尽くして、こうしよう、ああしようとなって、選択肢がいくつかになったところで、さて、私の出番です。

「どうします？　じゃあ、そうしましょうか」。これで決まりです。そこまでのようすをじっと見てくれれば、どのあたりで話がまとまりそうか、だいたい分かるものなんです。

「ああ、ここが落としどころやな」と。

けっして敵対関係を作ってはいけない

提案はするけれど、その後は、お任せです。耳を傾けているうちに、本当に、「なるほどな」と感心する意見が出てくることもある。結果、私が思っていたのとは違う結論になることもあります。でも、それでいいんです。だって、力でねじ伏せるようなことをして自分の意見を通したところで、納得していない人がいたら、最終的にその計画は失敗しますからね。

禅の言葉にも「黙《もく》」というのがありますが、ときには黙ってることは人を動かす大きな力になる、そこなんです。

自分の意見を押しつけることは、けっしてしちゃいけない。敵対関係を持たないこと。みんなと融和しながらやっていく。お前の意見はだめだとか、否定する言葉は絶対に言っちゃいけない。これはリーダーの基本ですね。みんなの意見をまとめることが自分の役どころと心得ることです。

全部の意見が出尽くして、ふっと、みんなが黙りこむ時間というのがある。そのときにポツっと一言、言うんですよ。「さようでんな、それでいきましょうか」と。大事なのは、そのタイミング。タイミングをいかにつかむかです。それができれば、たいていは、こっちのペースになってきます。

もうひとつ大事なのが、どんなことがあろうとけっして動揺しないこと。トップの人間が動揺したら、みんな動揺するんです。たとえ内心ではひやひやしながらでも、それは表情に出さない。あくまでも悠然と構えているようにふるまう。それぐらいできなくて、なにがトップですか。

エリートほど世俗に疎く、外圧に弱い

お坊さんというのは、けっこうエリート街道をそのまま上ってこられた方が多いんです。良くも悪くも、世俗に疎《うと》い。だから揺さぶりをかけられると弱いのです。まず、地位を大事にしたい。それを失うことが怖い。まあ、これは坊主ばかりでなく、世の中全体に言えることでもありますね、エリートほど外圧に弱い、というのは。

ところが私の場合、幼いころに一度、家も家族もすべてを失くしていますから、地位も名誉も何もいらないと思っている。学歴もない、銭もない。だから怖いものは何ひとつない。

そして、子供のときから他人の中で育っているので、けっして人を裏切らないことがどんなに大切かということが身にしみています。

誠意とか真心、これがないと人と人との本物の関係は絶対に成立しないのです。ですから、私が今までやってきて、うまくいったことのすべての根本は、真心というもののおかげなんです。誠意というものは必ず人に通じます。

稀に、通じない相手もいますが、それは相手が人としておかしいのです。相手がまともな人間である限り、必ず、通じる。

ですから、自分で言うのもなんですが、敵対関係にあった人であっても、五分も話をしたら、全部自分の味方にしてしまえる自信がありますよ。

敵を味方につける秘策

たとえば、右翼だって、ちょっと話さえすればもうこっちのものです。

古都税でもめていたときのことですが、街宣車でやってきて「仏教会は税金を払えーっ！」と言う。でも街宣車は学校の周囲五〇〇メートル以内には入れないことになっていると聞いています。相国寺は、まわりが同志社をはじめ学校で囲まれてますから、遠くのほうから叫ぶんですよ。

「相国寺のカンヌシ、出てこーい！」。私の役職は、貫主《かんす》と書くでしょう。きっと、それを「カンヌシ」だと思っているわけです。かわいらしいもんですな。

「いやあ、うちとこは神主はおらんけどな」と私が言うと、まわりは人が悪いと笑っています。そんなこんなしてるうちに、とうとう車から降りて、直接、寺に乗り込んできた。私は「おうおう、お入り、お入り。はよ、上がってや」と、にこにこ出ていきます。相手は、「貴様、税金を払わんと女房、子供がどうなっても知らんぞ」と凄《すご》む。「そうか、悪いなぁ、私、独り者《もん》や。残念やったな」。これじゃあ、ハナから勝負はついている。

それでもしつこく税金を払え払えというから、「あのな、お寺が払うんじゃないんだよ。拝観にみえる皆さんがお払いになるという仕組みでね、私らお寺は、痛くもかゆくもない。痛むのは庶民の懐なんや。あんた、これをどう思う？」と逆に質問してやった。相手は、「ううーん」と言葉に詰まってましたわ。

最後にダメ押しで、印籠《いんろう》を出してやった。「あんた右翼やろ。わしな、今の天皇陛下とは友達なんやで」

とたんに相手がシャーンと背筋を伸ばして敬礼をして、今度、自分とこの雑誌にぜひ寄稿していただきたい、とまで言ってきた。「おうおう、やったるさかいに、おおきに、おおきに、さいなら」

別のときには暴力団も来ましたけど、成り行きは、まあ、似たようなもんです。

別に偉い方と友人だという立場を振りかざしているわけではなく、まあ、確かにそれは事実ではありますが、いわば緩衝材みたいなものです。要は、暴力団であろうとなんであろうと、ひるまず人間として、裸の自分をさらして向き合えば、怒っている相手でも毒気を抜かれてしまうもの。誠意をもってぶつかったら、必ず分かる。さっきも言った、敵対しないこと、これが大事なんですね。人間と人間、必ず誠意は通じる。私はそれを信じているんです。

どんな相手にも、心から「おおきに」

こうした考えは、やはり私が他人の中で育ったからだと思います。相手が何を考えているのか、常にその心を読もうとする訓練が、知らず知らずのうちにされてきたのでしょう。そうした中で、相手がどうなのかよりも、まず自分がどうであるかがさらに肝心なんだということにも気づきました。

自分が定まってもいないのに、人の心ばかり読んでいたのでは、そのときそのときで相手に自分を合わせて事なきを得るちまちまとした人間になってしまう。

まず、自分。私の心はどうなのか。真っ白なのか、濁っているのか。誠意があるのか、ないのか。真っすぐにその人と相対すれば、相手も必ず真っすぐに返してくれる。人間関係というのは、鏡みたいなものなんですよ。

だからだれに対しても、私は誠心誠意ぶつかっています。言いたいことも言いますしね。で、相手と向き合ったら、「ああ、おおきに」。心から、そう言います。自分の心さえ開いておれば、なんていうことないんです。だれとでも対等に話せます。

天皇からホームレスまで、みんな友達

東京へ出かけると、駅構内の柱のとこにホームレスの人が座っているのをよく見かけます。同行している弟子が切符の手配をしてくれてるのを待つ間、ときどき、そういうおっちゃんの隣にしゃがみこんで世間話をします。

「あんた、出身はどこや?」「僕は長崎ですばい」「そうかい、わしは大分ばい」「あんたも九州ですか?」「そうや」

そんななんでもない言葉からはじまって、いろんなことを話します。たとえば、今日の東京駅はどうも面白くないので、これから新宿に行こうと思っているとか、けれど新宿まで行く金がないので、今こうして小銭が落ちてるかどうか探してるんだとかね。

その日も、おっちゃんの一人と話しこんでいて、ちょうど訪問先でお土産にいただいた上等な昆布を持っていたんで、「これ、あげるさかい、食べなさい」と渡すと、相手もさるもの、「ありがとうございます。でも、おかずだけじゃなく、せっかくならご飯もください」ときた。なるほど、ごもっとも。「けど、すまんなあ。わし、今ちょっと、飯《めし》の持ち合わせがないんや」。すっかり友達です。

行くところもないし、食うものもない。金なんて一銭もない。どこかへ逃げたくても、それがどこなのか分からない。汽車を眺めて涙ぐんでいた子供のころの自分は、この人と同じだ。だから友達になれる。天皇陛下からホームレスまで、全部友達という人間なんて、ほかにはそうそう、おらんかもしれませんな。

差別でなく、区別は大いにするべし

ただし、間違えないでいただきたいのは、「だれとでも対等な心で向き合う」というこ

とが、「どんな相手、どんな場面でも同じ対応をする」ということではない、ということです。相手に応じ、場に応じた「使い分け」というのは必要です。

「使い分け」にも二つの種類があります。相手に優劣をつけて態度を使い分けるのは「差別」。これはいけません。相手の本質に添って、自分に何が求められているのかをくみ取って話題や展開を使い分けるのは「区別」。これは重要。人の心をつかむには、これは絶対に必要不可欠です。

たとえば、ご招待を受けて食事や宴会にいくでしょう。そこでは皆さんと打ち解け合って面白い話をしますが、その中にちらっと本筋を入れる。ただ楽しい、面白い、だけでもだめなんですよ。また、禅宗の寺院の人間と食事に行ったときには、これまた対応が違います。その辺は、きっちり使い分けをしなくちゃいけない。のんべんだらりと同じことをやっていたらだめなんです。

私は、いろいろな機会に、各界の著名な方々ともお目にかかりますが、その際に必ず心がけているのが、相手のフィールドで話をすることです。

先日も児童養護施設の後援会での対談で、野球の、近鉄の元監督、今の日本ハムの監督の梨田昌孝さんにお目にかかりましたが、あの方はキャッチャー出身なので、そのことを踏まえておしゃべりをしました。当然のことながら話ははずみます。

そのとき教えていただいたんですが、キャッチャーで一番大切なことはなんだと思います？　意外なことに、ボールの受け止め方ではないんだそうです。いかに盗塁をさせないか。そのためには、いかに速く取って速く投げるかが大事なんだそうです。

さらに話だけでなく、できるだけ実際にできることであればしていただく。「あなた、悪いけどやってみてよ」と、やってもらいます。梨田さんにもお願いしたところ、ボールに対して直角でなく、ミットをはめた左手を斜めに構えたんです。ボールが入ってくるのを斜めで受け止めておいて、そのまま、右手でパッと取って投げる。直角に構えたら、向きを変えて右手で取らなくてはなりませんから、斜めにしておけばそれだけ無駄が省けるということなんです。なるほど、と思いましたね。

私は少年のころに野球をしていましたが、「野球好きな素人」です。ですから、私が知りたいこと、知って面白いと思うことは、皆さんも知りたいことだし、面白いと感じるわけです。すると、私自身楽しいし、話のお相手も、聞いているまわりの皆さんも、みんなが楽しい。

ところが、そのときのトークをお聞きになっていた方が、「若冲展」のオープニングにもいらしていて、私の挨拶を聞いてこうおっしゃった。「猊下、先日とはまるで別人のお話ですな」と。

そりゃあ、そうです。当たり前です。野球の話と、若冲の話とでは、内容も聞いている人たちもまるで違うわけですからね。おしゃべりの内容はおのずと違ってきます。

別に工夫なし

しかし、私がこの使い分けを意識してやっているかというと、実は、そうではないんです。私の場合、まったく、何も意識せずにしている。こうして後になって説明をすれば、方法論としてお話ができるわけですが、その場では、とくに考えてしているのではなく、自然とやっている。というのも、自分の経験を通してお話をしているからなんですね。必要に応じて、その場にふさわしい話、ふさわしい雰囲気というものがある。やはりそれを判断できるようになるには、経験なんです。

そしてもっとも大事なこと、それは、人の評価を気にするな、ということ。受け止めた側が「ああ、すごい人だな」と思ってくれればよし。「あほなことを言っているな」と思われるなら、それもよし。どっちでもかまわない。他人の評価なんて、気にしないことです。

人間は怖いですよ。いま目の前でしゃべっている人間がそういうことを気にするかどうかを、ちゃんと見抜くものなんです。「なんだ、偉そうなことを言っているけど、けっこう器の小さい人間だな」と思われてしまったら、アウトです。

だから、要は自然。けっして作らない、自然のまま。これが肝心。

これを禅の言葉で言うと、夢窓国師の座右の銘である「別に工夫なし」。これなんですよ。その次に、「放下《ほうげ》すればすなわち是《ぜ》なり」とつながる。執着を捨てて、すべてを放り出して、心を空っぽにすればそれでいいんだということ。それを私なりに実行しているだけなんですね。そうすると、不思議に人はそういうものに惹かれてくるのです。

本質さえきちっとしておれば、必ず人はついてきます。

これは言葉でどうなるというものではないんですね。結局のところ、人柄なんです。これしかない。

自分の生きてきた生きざま、それをありのままに見せていければ、特別にどうしようとか考えなくても、みんな自然とついてきます。それだけの話です。大きな声でわめいたところでだめだし、かといってどっかの政治家のようにわけの分からんことを言うのはもっとだめ。言えば言うほどだめになるんです。

チャンスをいかにつかむか

転機とかチャンスというのは、ふっと、突然に訪れるものです。それを絶対に逃がさないことです。

よく、自分にはチャンスがめぐってこないと言う人がいますが、これは「こない」のではない。めぐってきているチャンスに自分が気づいていないだけなのです。

ぼうっとしていたらどんなチャンスだって、通り過ぎていきます。当たり前に見える日常の中に一つ、キラッと光るものに出合ったら、それをパッとキャッチする。つかまえる。

私にとって美術との出合いは、まさにその「キラッ！」でした。

三〇そこそこで、胃潰瘍《いかいよう》を患って、修行を中断して半年間休養をとることになりました。その間に、兄に連れられて、療養を兼ねて箱根の温泉に出かけたのです。そこで散歩をしていて偶然に入った箱根美術館で、私は美術というものに再び出合った。まさに目からウロコというやつです。

もともと幼いころから家の蔵にこもって骨董の書画を眺めるのが好きで、九州の小僧時代には裏山の遺跡の発掘に夢中になっていたような少年でしたが、京都に来てからは修行一途の毎日で、美術とは縁のない生活を送っていました。

ところが、病気をしたことがきっかけで、美術への思いが目覚めたわけですから、人間、何が幸いとなるか分からない。そういう転機というものは必ず訪れるのです。それを逃さず、すっとつかまえることが大事なのです。

チャンスを見逃さないようにするためには、常に胸間《きょうかん》に掛在《かざい》していなくちゃいけない。つまり、気持ちを穏やかにして開き、常に心がけていることです。いつもあわただしくしていると、周囲に起きていることに気がつけません。参禅も公案も、そうした「常」を得るための訓練にほかなりません。

人を動かす秘策

何かを動かしたいと思ったときの、奥の手をもう一つ、お教えしましょう。

相国寺の塔頭の一つ慈雲院では、さまざまな事情で親元で生活ができない子供たちのための児童養護施設「和敬学園」を運営しています。親が蒸発してしまったりで親と一緒に生活できなくなった子供たちが五〇人ぐらい集まって暮らしています。私は、その後援会の会長の役をさせてもらっています。

私の場合、坊主という職業柄、社会奉仕活動は仕事の一部というか、するのが当然のことですが、この「社会に貢献する」という精神は、坊主に限らず、本来はだれもが持っているべきもの。企業であれ、行政であれ、人の上に立つ側の人間であれば、なおさらでしょう。

「和敬学園」のキャパシティには限界がありますから、そこにいられるのは一八歳までです。子供たちの中には、大学進学を希望して、一生懸命勉強をして見事合格する子もいます。ところが、せっかく合格はできたのに、入学金や授業料が払えないという問題が起こる。そういうときに我々後援会が援助するんです。大学で学んだことを生かして、卒業したらしっかり働いて、立派な人間になってくださいよという気持ちを託してね。

最初、私がその役に就いたときには、後援会の総会の出席者は三〇人ぐらいしかいなかったんですよ。でも三〇人ぐらいじゃ焼け石に水のようなもので、どうにもなりません。ちっちゃい子供もいるので、盆と正月にはお菓子やお小遣いをあげたりもする。そういう小さなことも、塵《ちり》も積もればで、けっこうな資金が必要になるのです。

なんとか後援会のメンバーを増やさなあかんということになって、考えました。子供たちに一番人気があるのはだれやろ？　それで、思い浮かんだのがかつての読売ジャイアンツの監督だった長嶋茂雄さんです。さっそく後援会の副会長に、頼みにいってもらいました。

来てくれるだろうか、どうだろうか——。正直、半々の思いでいたのですが、さすが長嶋さん、京都での用事の前後に時間をやりくりして、本当に来てくださった。子供たちと一緒に写真を撮り、グローブとバットとボールをドーンと寄付してくれました。もちろん子供たちは大喜びです。写真をテレフォンカードにして学校へ持っていって自慢してました。

するとね、何が起こると思います？　それまで三〇人だった後援会が、いっぺんに一〇〇人を超えたんです。人を動かす力を持った人間が一人動くことで、何人、何十人分もの力が生まれる。何十倍もの効果を発揮するんです。

大きな労力を使って大きなことを成し遂げるのは、当たり前。だれでもできます。肝心要のところを、ちょいと突っついて、事を大きく動かす。そういうことができるのが、真の本物なのです。

反対する人間には、それなりの理論がある

こっちがゴリゴリと押していると、ものごとというのはなかなか動かないものなのです。力を緩《ゆる》めて、ふっと立ち止まったときに、思いがけず大きく事が動いたりする。童話の「北風と太陽」みたいなものでしょう。

押せば押すだけ反発も強くなる。逆にこちらが立ち止まれば、相手も立ち止まる。そう

して周囲の反対もおさまったところで、はじめて「じゃあ、やろうや」となる。グイッと前に進むのです。

何かを決める際、この押し引きのタイミングと力具合は、実に大事です。だれか一人でも違和感を持っているときには、その場は前に進んだように見えても、先々に必ず問題が生じてきます。ですから、最後の一人まで納得してもらえなければ、それはまだ期が熟していないということ。

また、手ごわい相手ほど、手厚くフォローすることです。だれよりも先に話をして、より親しくつきあうよう心がける。すると、なぜ相手が反対しているのかが、こちらにもよく見えてきます。

「それじゃあ、あなたはどうしたらいいと思う？」と投げかけて、相手の意見を聞き出してみると、「そうやな、なるほどそれもあるな」、と思うことがけっこうありますよ。相手だって、むやみやたらと反対しているわけじゃないんですね。ちゃんとその人なりの考えや理論があるのです。逆にこちらが教えられることもたくさんあります。

叱るとき、相手による使い分けは無用

親が自分の子供をちゃんと叱ることさえできない時代に、どうやって大人が大人を叱ったらいいのか。部下が何か失敗をやらかしたとき、どう対処していますか？

私は、雲水（修行中の僧）だろうが、事務局長だろうが、叱るときは同じです。役職なんて関係ありません。平気で「このぼけかす！」とか怒鳴りますよ。

もちろん、本人も分かっているんです。どうして自分が怒られるのか、当の本人は、言われなくたってちゃんと分かっているものなんです。これは大目玉を喰らうだろうと相手が覚悟しているときには、ちゃんと大目玉を喰らわす。それが誠意というものです。変に気兼ねして、遠まわしに諭そうなんていうのは間違い。いけないことはいけない、違っていることは違っていると、ビシッと言うべきです。

すると、相手も素直に非を認める気持ちになれるんですね。こちらが弱腰になって引いた態度を見せてしまうと、逆に相手の心に反感や言い訳をする余地が生まれてしまう。その隙を与えないというのも、上に立つ者の責任であり義務なのです。

そうして一度、ガツンと言って、相手が素直に「すみません」と言ったら、それでしまいにする。一つのことで叱るのは一回きり。それがルールです。

私なんて、怒るときはバシーッときつく叱りますが、一分過ぎたら、もう元通り。後々までわだかまりを引きずることはありません。

しかしまあ、そうはいっても、なかなか言い切るっていうのは難しいことではありますね。言い出すと、それまで思っていたことを、ずるずると引っ張り出してきて全部言わないと気がすまないという人、いるでしょう。でもこれはあかん。だからといって、そういうタイプの人が、無理に腹の中にあることを押し留めようとしても、もやもやして、それが相手にもまた伝わりますから、悪循環になってしまう。不完全燃焼になってしまうんです。

だから、思っていることを一気に吐き出せるように、自分を鍛えることが必要です。ガンと言って、パッと終わる。これがコツでしょう。けっしてぐずぐずとしない。次にすれ違ったときには、にこっと笑って、「おい、どうや」と声をかけられるようでなくてはいけませんよ。

人に任せることができないのは、自分に覚悟がない証拠

若い人たちには若い人たちなりの生きざまがあり、自己主張もある。それを十分踏まえて、けっしてあげつらわないことです。自分にだって若いころがあったでしょう。そのとき、ちゃんと耳を傾けてくれた上司とか先輩は、いかにすぐれた人であったかを思い出してみてください。

ちゃんと若い人たちの主張に耳を貸し、心を開いていけば、必ず信頼はついてきます。新しく入った雲水なんか、最初は遠慮して私の顔を見てものを言わないけれど、少しずつ、だんだんとものを言うようになってきます。まず、若い人が出した意見がどんなに拙《つたな》く思えても絶対に否定をしない。「そうかな、いいね」と、受け入れる言葉からはじめることです。

私は、最終的にチェックして責任は持ちますが、人に任せられることは任せる、という方針です。どんどん意見を出させて、好きにしなさいと言っている。ただし、それをやらせっ放しじゃだめなんですよ。必ず最後の最後で、私に持ってくるようにする。決まりと

してそういうシステムにしてあるのではなく、彼らがおのずから私のところに持ってこようという気持ちにさせることが大事なんです。

そのためには、どうするか。たとえどんな結果であっても、もしも失敗をしても、最後は必ず俺が責任を取る、という姿勢をしっかりと示すこと。言葉だけじゃなく、行動で見せることです。

一人の人間にすべてを任せると、必ずミスは起こるものなんです。逆に言えば、ミスが起きるのは、一人の人間に全責任を負わせてしまったからともいえる。

ミスしたのがトップの人間であれば、本人が責任を取ればそれですむけれど、そうでないときには、その一人だけに責任を押しつけたら、絶対にいけません。一緒に悩み、一緒に笑う、これが必要なんです。

「お前らの失敗は、全部、わしの失敗や」と常々言っておいて、だからこそすべてを私は知っておく必要があるということを、彼らに分かってもらう。そうすればおのずと、最後は私のところに回ってくる。それが、組織であればこその「共同責任」という責任の取り方です。

今の日本、企業をはじめとする組織の多くが、このことを忘れているのではないでしょうか。一人の失敗じゃない、全体の失敗なんだというスタイルに持っていけることが、本来、組織たるもののよさであり、強さであったはずなんです。

そこをきちんとしておくと、次に何かあったときトップのところにまで問題が上がってきます。大事《おおごと》になる前に、必ず相談がきます。すべてが一極集中ではだめなんです。末端で広がっていたことが、徐々に上に上がってきて、最後に一極へと集まってくる。そういうシステムをこそ作るべきなのです。

そこで信頼関係を築くことができれば、ものごとがだんだんとスムースになる。人間関係が円滑になれば、コミュニケーション不足によるミスや失敗も起きにくくなるわけです。

独断はけっして許しません。けれども放任はする。

実は、人に任せるには、一つだけ大前提があるんですよ。それは、自分自身が、その結果をすでに予測できているということ。「やってごらん」と任せた、そのことの結論は、私自身にはとっくに見えているんです。

どうなるか結果が見えないことを人に任せられますかいな。それこそ無責任というものです。

彼らが持ってきたものを「うん、これはええな。けど、こうしたらもっとええんやないかな」と、行くべき方向をちらりと指し示す。するとそれまで気づかなかった道筋が見えてきて、「そうですね」とあるべき方向に事が流れ出すわけです。

正解を教えて結論を出すのではなく、あくまでもちょっとだけ軌道修正をすることが大事。すると彼らは自分の力で結論にたどりついたという満足が得られ、認めてもらえたという自信もつく。人を萎縮させずに、のびのびと育てるというのは、上に立つ者の役目ですからね。

だいたいね、こいつは素質があるとか、この人間にはこっちがむいているだろうというのは、初対面で、すぐに分かるものなんです。適材適所を見抜いたうえで仕事を任せれば、それはお互いにとっての幸せ。むいたことをするのと、むかないことをするのとでは、結果に大きな違いが出る。組織の長たる者、人事を行う側の人間は、人の資質を瞬時に見抜けなくては務まりません。

ものごとがうまく回っているときほど、自分を戒めよ

失敗の話ばかりしているのもなんですから、うまくいっているときのことについて、ひとつ考えてみましょう。

実はこの、ものごとが非常にうまく回っているように感じられるときこそ、要注意。もっとも危険な時期といえます。しかし、うまく回っているときというのは、そもそも本人にその自覚がないことがほとんどで、そのくせ勢いづいてしまっていますから、気をつけろということ自体、難しいのかもしれません。だからこそ、なおさら、このことは頭の隅にとめておいていただきたいと思います。

うまくいっているときほど、とにもかくにも、一歩立ち止まることを忘れず、振り返ってみることです。立ち止まれないで進んでどんどんいくと、落とし穴に落ちてしまう。禅では「自休《じきゅう》」という言葉があって、ときには立ち止まって、自らを振り返ることの大切さを説いています。

パッと一歩を踏み留まる。このまま波に乗り続けていてはたしていいのかと、立ち止ま

り、振り返ってみる。この一瞬がないとあるとでは大違いです。

迅速に、的確に対処して、反論の余地を与えない

寺には国の法律にあたる寺院規則というのがあって、いろんなことがここに定められています。相国寺の寺院規則の中には、「代表役員は相国寺住職をもって当てる」という一文があります。つまり、相国寺住職になると、自動的に宗派の代表である相国寺の代表役員になり、同時に鹿苑寺金閣、慈照寺銀閣の住職を兼ねることになるのです。

実はこの寺院規則は、私がまだ若いころ、教学部長だったときに作ったものです。それ以前は、鹿苑寺は鹿苑寺、慈照寺は慈照寺、相国寺は相国寺と、それぞれ独立した宗教法人でした。

ところがとある事件があって、寺院規則の改正をすることになった。そこで、私は試案作りを任されたわけですが、いっそこの機会にシステムを大きく変えるべきだと思ったのです。

それまでは、金閣寺、銀閣寺、それぞれの住職が、跡継ぎを決めることができて、自分

のお気に入りを次の住職にすることがほぼ思い通りにできたのです。けれど、これにはかなり問題がありました。自らは引退をした形にして、コントロールしやすい弟子を住職にして、後ろで操る「院政」が可能になってしまう。

そこで、つぎの住職を選ぶ場合、現住職が勝手に決めることができないようにした。金閣、銀閣、相国寺、全部の役員の皆さんの総意でないと住職は決められないという規則を作ったのです。

実際、その後にいろんな問題が起こりかけましたが、この寺院規則のおかげで、事が大きくならず丸くおさまりました。なにしろ私は、改正して即、京都府知事の認証を受け、法務局での登記などを行いましたからね。

ここが大事なんです。なにごとももたもたしていたらだめで、そうと決まったことは迅速に、正式な手続きで公の形にすることが肝心です。そうしておけば、後で文句が出たところで、「ちゃんとこういう規則になってるやないですか」と、突きつけることができますからね。

ちょっと話がそれるかもしれませんが、新しい宗教法人を設立する場合、所轄庁である都道府県知事などに申請をすると認証がおります（そのうえで法務局で設立登記を行います）。この「認証」というのは、いわゆる「許可」とは意味合いがまったく違います。宗教法人の場合、「分かった、やっていいよ」ではなく、「分かりました、認めましょう」ということ。だから公権力は一切介入できないんです。これを履き違えてしまうと、とんでもないことになっていきます。会社の場合は監督官庁というでしょう。ところが宗教法人の場合は監督官庁ではなく、所轄庁。監督と所轄、これも大違いですね。

知識で武装して世間と渡り合うことは、トップたる者の義務

つまり、何を言いたいかというと、自分にかかわることは、ちゃんと勉強をして分かっておく必要がある、ということです。どんな相手とでも渡り合い戦うためには、相手につけこまれる隙を作らないよう勉強して武装しなくてはだめなんです。それを全部、私は勉強しました。必要とあれば、六法全書だって読んだし、かかわりのある法律は全部頭に入っています。

こういうことは、学校で教えてくれるものではない。やはり自分自身で勉強しないこと

にははじまりません。現場での戦いには、現場での戦法、戦略を身につける必要があるし、また、それがもっとも効率のいい方法でもあるわけです。

僧侶というのは、浮世離れしていることがいいみたいに思われがちですが、そうではありません。介入してこようとする行政に敢然と立ち向かうためには、世間のことを実はよく知っておかなくてはいけない。宗教法人法なんて、読んだことも見たこともないという坊主がたくさんいますが、それではあかんのですよ。

よく「猊下は変わり種ですね」と言われますが、そうじゃない。私が当たり前なんです。世間と渡り合っていくのはトップの義務であって、その義務を怠っていちゃだめなんです。義務を、私は遂行しているだけです。

学び、本質を知ることは〝力〟

現代の日本は、まさに迷走です。お役人の言うことはまちまちで、その場しのぎ。その典型が日本の総理ですね。言うことが違う、矛盾したことばかりを言っている。道路特定財源を来年度に一般財源化すると言いながら、現実には、特定財源を一〇年間維持するという法律を政府として提出して成立させてしまった。わけが分からない。

どうして今の日本の政治家は、こんななんだろうと思いますが、まあ、お国のすることに我々宗教法人が口を出す立場ではありませんが。同じように、宗教法人というのは憲法でその存在が保障されたものであって、公権力は一切、むやみに踏み入ることはできないものです。ところが、それをうやむやに少しずつ崩していこうとしているのが今の政治。金を取るところがないから、残された狙いは、宗教法人しかない。そこをこじ開けようとしたのが古都税なんですよ。

仏教のみならず、キリスト教でもなんでも、いわゆる宗教そのものが、今、どうかなりかねない時代になりつつあるんですね。

元総理の小泉さんが靖国に行くというのも、総理として行くのは間違っています。もちろん、個人だったら朝昼晩行ったっていいんですよ。だけど総理大臣として行くのはだめ。なぜかというと、憲法には政教分離の原則があるからです。

公権力は一切宗教にかかわってはならない、と日本国憲法は宣言しているのです。総理大臣といったら公権力の代表です。その人がどんな理由があるにせよ、公人として一宗教法人にお参りをするというのは、してはいけないこと。

逆に言えば、靖国神社は一宗教法人なのだから、だれを祀ろうが自由なんです。世間ではA級戦犯の合祀《ごうし》がどうのこうのと、さも問題のように言っている。でも、靖国神社は信教の自由を国の憲法で認められた宗教法人なのだから、だれに口差し挟まれる問題じゃないんです。そこを法にのっとってちゃんと訴えて、正々堂々としていればいい。そういうことを、きっちりと宗教者自身が踏まえていかないといけません。

終戦の当時、私は一二歳ぐらいで、まだ大分の岳林寺にいたわけですが、いろいろ考えました。そうして、この先宗教者という位置に立つのであれば、それなりに勉強しないといけないと思った。だからこそ、法律を勉強し、憲法も勉強し、日本や世界の歴史を学んできた。ものごとの本質を知ることは、力です。


おかしいことはおかしいと、声に出して言う

世の中矛盾だらけです。それをおかしいと胸を張って言うためには、知識がなければなりません。たとえば、核兵器などこの世にないほうがいいというのはだれだって思っていること。なんであんなものがあるのかと思う。

けれど、世の中から核兵器はいっこうになくならない。そもそも核の抑止力なんて屁理屈を言っているアメリカはおかしいでしょう。人に持つなと強制するくせに、自分たちはけっして捨てようとはしない。でも、そのおかしさを正面きって指摘できる政治家はいませんよね。

だからこそ、私は、おかしいことはおかしいと言いたい。言うことが、宗教者としての私の務めだと思っています。だから、知りたい。知らなくてはいけないんです。坊さんも、お経を読んでお葬式をしていればいいという時代ではありません。憲法九条を改正しようという動きが、殺生は絶対にしてはならないというお釈迦様の教えにいかに反しているのか、そこを訴えることは我々の大きな務めです。

戦争というのは、どんな理由があっても、どんな理屈を言っても、絶対にしちゃだめなんです。それを我々は敗戦という大きな犠牲をはらって学んだのですから。学んだことは守っていかなくちゃいけない。そうでなければ、人は成長しない。これからの若い人に、それを伝えていかなくてはあきません。

今の政治は確かにおかしいことだらけだけれど、だとしたら、一人一人が、きっちりチェックしなくてはいけない。核だけじゃありません。道路特定財源だって、消費税引き上げだって、後期高齢者医療保険だって、全部、そうです。よく分からないから声を上げられない。それじゃあ、だめなんです。

結果に意味があるのではない。行為にこそ価値がある

昔、インドにあった祇園精舎《ぎおんしょうじゃ》が火災によって焼けました。その火災のときに、一羽の鳩が池に飛び込んで羽に水をいっぱいに含ませて、燃え盛る火の上空でバサバサと滴《しずく》を振り散らしたという言い伝えがあります。鳩一羽が、そんなことをしたところで、火の勢いがおさまるはずもないんだけれど、お釈迦様はその鳩を讃えておっしゃった。結果が出なかったからといって、意味がないのではない。たとえ結果的に何も成らなかったとしても、そのために行動を起こす、そのことこそが尊いのだ、と。できることを、少しでもいいからすることに意味があるというのが、お釈迦様の教えなんです。

ですから私は、ともあれ行動する。それが役に立つかどうか、そんなことはどうでもいい。必ず何かになるだろうと思って行動をする、この行動こそ尊いのだ。そう信じて、今、一生懸命やっておる次第です。

そういう私みたいな考えの鳩が一羽では、確かに焼け石に水かもしれません。でも、何羽も何羽も集まってくれば、何かが動き出すかもしれません。

◎禅語・仏教用語解説

黙《もく》（九〇頁）

『維摩経《ゆいまきょう》』に書かれているエピソードに基づく「維摩の一黙雷《らい》のごとし」は、維摩居士の沈黙は雷が落ちた一撃にも匹敵するという意味。一言一句を表現するのではなく、黙することで言外の宗旨を説きつくしている、多くの言葉を費やすよりときには沈黙こそが人を動かす力になる、という教え。

別に工夫なし　放下《ほうげ》すればすなわち是《ぜ》なり（一〇一頁）

出典：『夢中問答《むちゅうもんどう》』
いずれも夢窓《むそう》国師の座右の銘。禅語での「工夫」とは、一般的な創意工夫の意とは異なり、修行における精進の意がこめられている。つまり「別無工夫」とは、精進しようとして精進したり、修行のために修行することの無意味を説いている。たくまず、ひたすらに目の前にあることに向き合い突き進むことこそが大事、の意味。「放下便是」は、執着を捨てよ！　の意。『夢中問答』は、足利直義《ただよし》の質問に夢窓が答えた問答集。

掛在《かざい》（一〇三頁）
師匠から出された公案を常に忘れずにいること。さらには、常に心にとめ片時も忘れない、の意。

自休《じきゅう》（一一四頁）
大燈《だいとう》国師（宗峰妙超《しゅうほうみょうちょう》。一二八三―一三三七）の言葉で、自ら仕事を止める、一切のかかわり合いにけりをつける、の意。

第四章　文化を育てる

花街は京都が誇るべき文化である

京都には守り伝えていくべき文化がたくさんあります。

京都には五つの花街《かがい》がありますが、この花街というのもまぎれもなくひとつの文化なんですよ。ただ単に享楽じゃない、京都という街が育ててきた、誇るべき文化です。

であれば、これはやはり盛り立てていかなくてはいけません。昔に比べると随分と少なくはなりましたが、現在もそうした意識をお持ちの方は、まだまだ京都にはちゃんとおられるんですね。

ちょっと変わったところでは、「おおきに財団」（正式名称は京都伝統伎芸振興財団）というのがあります。

京都の五花街の芸妓さんや舞妓さんには、退職金というものがないんですね。京都の文化の一端を担っている彼女たちが、いざ引退というときに、「ああ、やっぱり長いことがんばってきてよかったな」と思ってもらえるようにしたいということで、せめて気持ちばかりでもいいから退職金を渡してあげられるようにした、というのがこの会の趣旨のひとってです。村田機械の村田純一さんたちを中心に、京都の文化人、財界人が一緒になって、作ろうやないか、ということになったんです。

金額的には、ちょっとのことかもしれません。でも、あるとなしとでは、気持ちのうえで大きな違いです。彼女たちが、気張ってきてよかったですわと、こうならないといけない。じゃあ、やりましょうとなってね。今ね、だんだん会員が増えてきてますよ。

こんなこと言うと実に失礼かもしれませんが、東京の人が銀座で高級クラブに行くというのと、京都人が京都の花街に行くというのは、根本的なところがまったく違う。もちろん遊びは遊びなんだけど、その根底に「文化を育てる」という意思があるかないか、それが大きな違いなんです。南座へ行って観劇することだって、しかり。お茶屋さんで芸子さんの踊りを観ることだって、しかりです。全部つながっている。我々はここで、文化を育てているんです。

今、おかげさまで五花街は少しずつ芸妓さん、舞妓さんが増えてきています。この前会った舞妓さんに、「あんた、どこの出身や？」と聞いたら、「へい、わて、沖縄どす」ときた。何が「どす」や、と笑ってしまいますけどね。

私は、それでいいと思うんですよ。地方の方が京都の文化にあこがれてやってきて、そこで長い歴史に育《はぐく》まれた芸を仕込まれる。一日も怠ることなく、お茶、お花、お香、さまざまな稽古にあけくれる毎日です。そういうものをみんな覚えて、京都へ骨を埋めるもよし、いずれまた故郷へ帰るもよし。そういう形で、京の文化が守られ、伝えられ、広がっていく。鹿児島であろうと沖縄であろうといいんですよ。

トップに立つ者は、自分のいる場所の文化というものに誇りと責任を持っていなければ上に立つ資格がないんです。銭を出せばいいというもんじゃないんですよ。もちろん私だって会費は出していますが、それがすべてではありません。

何百年先の未来に、この文化を残すためにすべきこと

文化や芸術というのは人間の心を豊かにする。だから必要なんです。文化をないがしろにしてはだめなのです。

日本は経済大国になって、アメリカについで世界第二位だとかいってますけど、それで人間の心が豊かになったかというと、さて、どうなんでしょう？

アメリカにしたところで、建国からたった二百数十年です。しかも、それ以前からあった先住民の文化だって、自分たちで壊してしまった。

ですから、アメリカが今世界に誇りうるものといえば、軍事力と経済。それが今、だめになりつつある。日本はそれに追従してきましたが、アメリカがだめになったらどうなるのか、本気で考えなくてはいけない時期にきていると思います。正味のものをきちっと積み上げていく、それが、今、政治がやらなくてはならないことです。

日本には、日本独特の素晴らしい文化がある。それは何百年、何千年とこの国の風土の中で育まれてきた正味のもの。文化や芸術は永遠なんです。それに比べたら経済というのは、極めて一時的なものでしかありません。失礼ですが、政治家の人たちはそこのところがまったく分かっていない。ですから、そうした文化や芸術をきっちり残していくのは、我々神社仏閣の義務だと思うのです。

一個人、あるいは財閥の力で残せるものには、限りがあります。けれど神社仏閣というのは、ずっと続いていく。何百年にわたたって残すことができるのです。

せっかくこの時代に生きたのであれば、後世になって、平成という時代はすごいものが残りましたね、と言われるようなものを残したいじゃないですか。美術品というのは、単なる「もの」でなく、素晴らしく豊かな人類の財産なのです。

美術史家とか専門家は、「もの」としての価値ばかりを取り上げてどうこう言うけれど、本当に大切なのは、その美術品があるという事実ではなく、それが人の心に働きかける力、なんですね。

おそまつすぎる日本の文化政策

防衛庁を防衛省にするぐらいなら、文化庁こそ文化省にしなきゃだめです。いつもそう言っている。以前、フランスの作家で長く文化大臣も務めたアンドレ・マルローさんが来日したときにお話をさせていただいたことがあるのですが、マルローさんも、それはぜひともしなければいけないとおっしゃっていましたね。細川護熙《もりひろ》さんが首相だったときも、よくそんな話をしていたんです。民間の優秀な人間を登用して、きちんと文化大臣を置かなければ、と。ぜひ、やりましょうと非常に前向きだったんですが、それから半年もしないうちに、総理を辞めてしまわれた。

役に立つか立たんか分からないようなことばかりに、予算を認めるのなら、もっともっと文化に力を注ぐべきなんです。

私どもにもたくさんの指定文化財がありますが、たとえば、寺の運営が行き詰まってそれらの文化財を売らないことにはどうにもならないという状況になったとします。すると、まずは文化庁にお伺いをたてなくてはなりません。これを売りたいのですが、国で買っていただけませんか、と。悪いけど今、予算がないから買えないと言われる。となると、次は、それじゃあ、よそへ売ってもよろしいでしょうか？　文化庁は、かまへんと言う。ただし外国へ出しちゃいけないという条件つきです。なら、国が買いなさいと、言いたい。先日も、ほぼ運慶作に間違いないだろうと鑑定された仏像が、あわや海外に流出しかけましたが、あれは文化財の指定を受けていなかったから、ああいうことになったわけです。

京都にも個人や財閥がお持ちの美術館がけっこうありますが、正直、内情はどちらさんも大変です。維持していくには非常な経費がかかる。開けば開くほど赤字なんです。

ですから、私は、そういう私立の美術館の収蔵品を一カ所に集めて展示する場所を作ってはどうかと考えてます。仏教美術コーナーもあり、美術工芸品コーナーあり、現代作家のコーナーもあるといった具合に。ぜひそれは、国がやるべきだと、思っているのですがね。

先日フランスに行った際に、オペラ座を案内していただきました。演出家や出演者はもちろんですが、舞台を裏側で支える人々、衣装係であったり、奈落や天井で作業をする人であったり、そうしたすべてのスタッフの費用を全部国が出していると聞いて、驚きました。

ところが日本の伝統文化はといえば、どうでしょう。国は一銭も出しません。私は、能の観世文庫（観世流に伝えられてきた面、装束、資料などを管理・保存していくための財団法人）の理事をさせていただいていますが、文化財の保持がどれだけ大変か目《ま》の当たりに見ています。今の日本の、文化に対する姿勢は、あまりにもお粗末です。

承天閣美術館への道

相国寺に「承天閣美術館」という小さな美術館があることは、すでにお話をした通りです。

規模こそ大きくはありませんが、質においてはどんな美術館にも引けをとらないものと自負しています。相国寺、鹿苑寺（金閣）、慈照寺（銀閣）にゆかりの墨蹟や絵画、工芸品などの所蔵品は二万点以上、その中には国宝や一五〇点におよぶ重要文化財が含まれています。二〇〇七年の「若冲展」を開催するにあたって新館も増築いたしました。

私がこの美術館の開設を提案したのが一九七五年のことです。

なぜ美術館を建てようと思ったのか。それはひとえに、膨大な美術品をこのまま蔵に眠らせておくことは、人類の損失だと感じたからです。

当時、教学部長という立場にいた私は、ほったらかしと言っていい状態にある蔵の中にどんな美術品があるのか、実態を把握する調査を始めていました。その結果、二万点に及ぶ美術品がリストアップされたのです。数百年、この寺に伝わってきた文化財を光の当たる場所に出し、たくさんの方々に見ていただく。それも寺院ができる文化貢献のひとつであり、使命であると、強く思ったのです。

そうして美術館の建設に向けて奔走する日々の中で、一九七七年に、私は、はじめて中国を訪れる機会を得たのですが、それが私の思いにさらにはずみをつけることとなりました。

河南省洛陽《らくよう》には龍門石窟《せっくつ》があります。北魏《ほくぎ》の孝文帝が洛陽に遷都して以後、およそ四〇〇年の間に一〇万にもおよぶ膨大な数の仏像が彫られたというものです。歴史的、美術的価値も非常に高い宗教遺跡です。

ところが、そこで私が見たのは、驚くべき光景でした。もっとも古い古陽洞というところの入り口を入ってすぐの左手にあるはずの武人行列のレリーフが、五メートルにもわたってはぎ取られている。代わりにその作品の写真が飾られていて、「裏切り者が米国に売り渡してしまった」という説明が記されていました。武人行列は現在、ボストン美術館に収蔵されています。

ボストンでは、この人類の大いなる遺産を、当然のことながらきっちりと管理しています。ならばいいじゃないかとおっしゃる方もいる。確かに、そういう考え方もあるでしょう。風雨にさらされているよりも環境的にはいいといえるでしょう。

けれど、こうした作品は、やはりそれが生まれた歴史や文化とともにあってこそと思うのです。物というのはあるべき場所にあってはじめて生きるのではないだろうかという思いを深くしたのです。龍門の武人行列はやはり龍門にあってはじめて、生きると思うのです。

いま相国寺や金閣、銀閣にある美術品も、ここに、京都にあってこそ本当の意味がある。ですからなおさらに強く、修理と保存と展示公開、そして資料収集の場として、どうしても美術館を建てなくてはと思ったのです。

機を待つ

承天閣美術館が落成するまでには、提案から一〇年近い歳月がかかりました。

美術館建設というのは、大変な費用がかかることです。先輩方の間では、そんな無駄な金を使わなくてもいいじゃないか、という意見が大半でしたし、後押しをしてくれた師匠が計画の途中で亡くなったこともあり、ようやく進むかに見えては頓挫《とんざ》するということの繰り返しでした。

ものごとが膠着《こうちゃく》してなかなか進まない。こういうときは、大義名分を振りかざしてもだめなのです。つまり、美術館の建設については、「文化を守るため」などと大上段に理想論を振りかざして、ごり押しのように大きなハードルを乗り越えようと焦るのは失敗のもと。確かにそれも一理あると相手に思わせつつ、小さな納得を積み重ねていくほうがはるかに効果的です。ですから私は、根気よく、一番上の先輩から一人一人、説き伏せていくことに決めました。

まず、寺だけでなく日本人にとって宝ともいうべきこれだけの美術品が、今までまったく省みられることなく放置されていた事実の重さを問う。そうして、それは私も含めてこの寺にかかわる人間の責任なのだということを納得していただく。であるから、先輩の皆様がおやりにならなかったことを、若輩の身ではありますが、及ばずながらこの私にやらせていただきたい。どうぞ、ひとつお力添え、ご助言をいただけませんか、と。

こう言われたら、相手としてもだめとは言えなくなってきます。しまいには、「そうか、やるんやったらお前な、うまいことやれよ」となるわけです。手を替え品を替え、そうやって皆さんのところを回っていって、話がまとまるという寸法です。もちろん大変な根気と時間が必要です。

確かに、周囲の「やめておけ」という意見もごもっともではあるのです。文化的な事業とはきれいごとだけでやっていけるものではありません。資金という現実問題があります。ですから私は、建設にとりかかるまでにありとあらゆるところを駆け回って、六億円以上をかき集めました。建設費は三億ぐらい。残りのお金の利息を管理、運営費にという計算です。なんとか着工までこぎつけ、そこから三年がかりで完成し、一九八四年の四月、ようやくオープンすることができました。ところが、その後バブルが崩壊したり超低金利になったりで運営費のほうはあてがはずれてしまった。しかし、これは時の流れですから致し方ありません。計画はあくまでも計画。不測の事態が起こることも頭に入れておかないといけません。

あるべきところにあってこその文化的財産

この承天閣美術館で、二〇〇八年の春から丸三カ月近くにわたって、「山口伊太郎遺作～源氏物語錦織絵巻展」を開催しました。

山口伊太郎さんは、西陣織の織元さんでした。二〇〇七年に一〇五歳の大往生を遂げられましたが、晩年、全精力を注ぎ込んで制作されたのが、全四巻におよぶ錦織での「源氏物語絵巻」です。四巻合わせて四〇メートルもある大作で、各巻二本ずつ制作されました。完成を待たずして伊太郎さんが亡くなった後は、弟さんが遺志を受け継ぎ、その完成を記念しての展覧会です。

それこそ人間の業《わざ》を超えたと言うよりほかないような、素晴らしい技が、細部にいたるまで駆使されています。たとえば、欄干《らんかん》にかけてある衣が透けて、衣の裏の欄干がうっすらと見えているというような繊細なところまで表現されているのです。もう神業としか言いようがない。それを、西陣織を絶やしたくないという一心で、続けられた。まさに西陣という土地に根づいた織りの文化が生み出した作品といえます。

美術品というのは、その作品が生まれた風土の空気の中にあってこそ、ということを、この錦の織物は、しみじみと感じさせてくれます。そこで人の目に触れてはじめて本当の意味や美しさを発揮することができるのだ、と。

しかし、この素晴らしい美術品のうち一セットはすでにフランスのギメ美術館に寄贈されていて、最後の四巻目もやがて寄贈されることが決まっています。

フランスには、クリシュナ・リブーさんという大変にすぐれた眼をお持ちのアジアの織物研究の第一人者の女性がいらして、山口さんが作品を確実に保存してくれるところに寄贈しようと思っているという話をしたところ、ひと目見るなり逡巡《しゅんじゅん》する間《ま》もなく、「ギメ美術館にいただきます！」とおっしゃったのだそうです。保存にも費用がかかりますから、文化庁があれこれと考え込んで判断できずにいる間に、あっさりと決まってしまったのです。

世界中のどこにあろうとも、大切に保存されて、必要に応じて公開の機会が得られるのであれば、それは幸いなことです。けれど、やはり日本の至宝は日本に留まってほしいという思いはぬぐえません。山口さんが個人の力であそこまでなさったことを、なんで国が宝として守ることができないのか。非常に残念でなりません。

あるべきところにあってはじめて生きてくる。美術品とは、そういうものなのです。

人の思いを一番に考える

展覧会の開催については、いろんなところから名乗りがあったようです。でも、最終的にわが承天閣美術館でさせていただくことになりました。

それには、山口さんという人物、お仕事、さらにはご家族の「思い」を、第一に考えたというのが、大きく働いていると思います。

この「源氏物語絵巻」は、西陣という一つの技術の集大成であり、精神力の集大成です。まず、それを理解しているかどうか。この展覧会に限らず、昨今は美術展といったものが大流行ですが、それは美術が商売になるという発想があるからでしょう。原点にはもちろんその作品の素晴らしさを伝えたいという人々の思いがあっても、それが実際に運営されていく過程で、どんどん思いから離れたところで事が動いていってしまうのが常です。官僚主導型の場合なんかは、その最たるものではないでしょうか。思いなんてものは置き去りになってしまいがちです。

山口さんのご家族からもそんなお話をうかがって、それではいかんなあと思いました。精神で作り上げた、その山口さんの思いをくまずして、何が展覧会ですか。まずはその追善供養をしなくてはと申し上げた。追善供養があっての展覧会でしょう、と。結局、それがご家族の心に響いた。ぜひ、承天閣さんでと言っていただけたわけです。相手を尊重して進めることで、最後の最後、ものごとが動くんです。

目先の利益の追求が、とりかえしのつかない結果を生む

防衛庁を防衛省にするぐらいなら、なぜ文化庁を文化省にできへんのや。文化省を置いてないのは先進国ではおそらく日本ぐらいでしょう。もう二〇年ばかりずっと言い続けていますが、さて、私の声ぐらいじゃ届きません。

京都の街を見てご覧なさい。代替わりで土地を手放した後は、どんどんと町家《まちや》がなくなって、ニョキニョキと味もそっけもないマンションが建っている。これが千年の歴史を持つ都の町並みかと、悲しくなります。京都市議会でやっと二〇〇七年の三月に全会一致で新景観条例が可決されましたが、もう手遅れです。二〇年前、高層化反対の運動が起きたときに、きちんと対応していれば、こんなことにはならなかったのにと悔やまれます。

なぜ京都の街がこんなふうになってしまったのか、そこには一見、素晴らしいように見えて実は大きな落とし穴があった「総合設計制度」の導入がありました。

バブルの時代、土地がどんどん値上がりをしました。けれど京都だけは上がらなかったのです。なぜか。建築の高さ制限があるからです。高い建物が建てられなければ、土地を買って投資しても経済的に採算が合わないという理由です。ですから京都市は投資の対象にならなかった。それで採用されたのが、総合設計制度です。

総合設計制度というのは、建設予定地の四〇パーセントを公開空地として提供することによって、ボーナスとして高さの上積みをしてもよろしいという制度。実はこれ、アメリカの法律を参考にしたもので、アメリカのような国にとっては非常にいい制度なのです。マンハッタンみたいにビルがひしめき合っている街では、公開空地が全然ない。すでに高層ビル街なのですから、ちょっとやそっと高さが増したところで、たいした問題ではありません。代わりに四〇パーセントの公開空地を得られるのなら、それに越したことはないのです。一般市民の憩いの場として活用できるのですからね。

ところが、京都は違います。確かに町家が集まっている地域は建物が密集しているように見えますが、すぐそばに神社、仏閣、いくらでも開けた空間がある。新たな公開空地を作るまでもないのです。それでも市は、総合設計制度を採用した。その途端、京都は日本

一、土地が値上がりをした。投資の対象になったのです。

そうして京都ホテルをはじめ、六カ所ほど、七〇メートル以上の高層化の構想が持ち上がりました。京都ホテルは、すぐそばには鴨川が流れていて、広い川原もあります。なにも公開空地を作ってまで高いビルを建てる必要があるのでしょうかと、私たちは、高層化に反旗を翻《ひるがえ》しました。そうして再び、閉門という手段で訴えました。

しかし結果として、反対も空しく、この二〇年で、京都の街は大きく様変わりしてしまいました。

高層化では京都は絶対あかんのです。京都はそんなことでは生きていけません。お寺と神社と大学と町屋があって、はじめて京都は京都になるのです。歴史が、その姿の中に刻まれている。けれど人間はおろかなものです。当たり前にあると気がつかない。失くしてはじめて、失ったものの大切さが沁《し》みるんですね。

そんなふうに、いろいろとありましたが、少しずつ風向きは変わってきつつあります。ようやく新景観条例ができ、町並みを損ねるような看板は全部取り除こうという動きが進みつつあります。パリなんかもうずっと以前からやっていることです。ハワイにだって、一部を除いてヤシの木より高い建物は建てないという決まりがある。それを考えると、いかに京都が遅れているかが分かって、心に痛いですな。

相手がどんなに偉かろうと、間違っているものは、間違っている。それを「はい、そうですか」と受け入れてしまったら、本当に大切なもの、価値あるもの、文化などというものは、やがてなくなってしまうでしょう。ですから私は、どんな相手であっても、敢然と違うものには違うと言ってきました。

けれど周囲には、「そんなお上に楯を突くようなことばかりして、大丈夫なんですか」、と心配してくださる声も随分とあります。確かに、今は相国寺派の管長という立場におりますが、あまり言動がすぎると、「あいつは面倒なやつだから切ってしまえ」ということになるかもしれない。それでも、だれかが言わなくてはならないことというのがあるのです。そして、それはある程度立場のある人間でなければ言えないことなのです。なんの肩書きもない一個人が、勇気をふるって声にしたところで、その声は届きません。幸いにして、今の私はそれができる立場にいます。ならば、できる私ができることをする。それだけのことです。

その覚悟はどこから来るのか。それは、私には何も怖いものがないからです。怖いものがないのは、なぜか。失うものがないからです。これほど強いものはありません。

管長という立場さえ、いつ失ってもいいと思っています。もともと、行き場を持たずに生きてきた人間です。そして私には、托鉢《たくはつ》という生き方がある。全国を行脚して、暮らしていけばいい。元に戻るだけなのです。

何もない。それは逆に考えれば、世界中の銭は全部、私の銭ということ。どうとでも生きていけるのです。何も怖いことはない。地位？　なんやねん、そんなもの。地位なんて食えへん。銭？　銭はそこらに転がってる。やくざが来る、右翼が来る、何が来ても怖くありません。

禅が日本の文化に与えたもの

禅文化が、今につながる日本文化に与えた影響は非常に大きいのです。日本人の精神や思想の中には、禅文化が大きくかかわっている。鈴木大拙先生も『禅と日本文化』という本の中で、そのことを説いておられます。日本人の心の中に禅の思想がいかに入り込み、日本の文化の基礎を形成していったのか。能にしろ、お茶にしろ、懐石料理や香道にしても、全部、禅文化から派生したものであると。

能といえば、相国寺の開山六〇〇年遠諱《おんき》のときに法堂《はっとう》で能を奉納し、観世流のお家元・観世清和さんに「朝長《ともなが》」のシテ（主役）を演じていただきました。清和さんのご先祖は能楽の大成者である観阿弥・世阿弥ですから、足利義満公によって開かれたわが相国寺とは大変にご縁が深い間柄なのです。

うかがったところでは、法堂での演能というのは理想の形なんだそうです。なぜならば、世阿弥が到達した能という芸能において、シテは人間の魂なんですね。仏なのです。ですから、シテの役者は、ご本尊さんになり代わって能を演じている。これが世阿弥の能の思想の根幹なのです。

「朝長」というのは、平安時代末期の武将で、源頼朝の兄にあたります。平治の乱で平清盛と戦って敗れ、父や兄弟と落ち延びる途中に命を落とします。観音懺法《せんぼう》という特殊な太鼓を打つ小書き（特殊演出）があって、この小書きがつくと、特別に調整した皮を張った太鼓での非常に特殊な「懺法太鼓」という打ち方になり、追善など特別なときにしか出ない大変に重い位での演出となります。

懺法というのは、仏様への懺悔《ざんげ》です。天台宗に伝わる法華《ほっけ》懺法というものもありますが、観音懺法は禅宗特有のものです。相国寺の観音懺法は、中国から渡来した清拙正澄《せいせつせいちょう》と同伴して来日した石梁仁恭《せきりょうにんきょう》が宋の声明を夢窓国師に伝えたとされ、それを春屋妙葩が受け継いで、現在に残っているというわけです。そういう意味で、観音懺法の一番正当な声明が伝えられているのが相国寺なのです。

この懺法は、室町時代から、毎年、観音様のご縁日に催されてきました。ご縁日は六月一八日なのですが、相国寺では前日の一七日に行います。それというのも、ご縁日当日の一八日は、室町幕府の御所で懺法をなさるので、そのリハーサルというわけです。

しかし、能の懺法太鼓というのは、よくもまあ、こんなものを考えたなと感心させられます。テンテンとかテーンという、リズミカルで歯切れのよい常の太鼓の音とはまったく違って、それこそあの世から何者かが出てきそうなゆるりとして重々しい音。ひと打ちしたかと思ったら、そのまま長い静寂があって、もう忘れたというころになって、また、デーンと打つ。どこから出たのかという、すごい発想です。あれこそ能の醍醐味《だいごみ》ですね。

ああいう形にまで能を持っていってしまった世阿弥というのは、とんでもない天才です。こんなすごい男が、かつて日本にいたのかと感動します。なのに、それだけの文化がありながら、まったくおろそかにしているこの国は、なんと情けないことか。

これをなんとかするためには、やはり政治ですね。政治家です。政治家の資質、レベルです。

才能を応援する、文化を育てる

若手の芸術家を、私なりに随分と応援してきました。「それはご自身に余裕があるからできることやないですか」と言う人もいます。

けれど、資金を出すことばかりが応援ではありません。人手が必要なときにお手伝いをするという応援だってある。私の場合、こんな坊主でも名前をありがたがってくれる方々がおりますから、作品の箱書きをして差し上げることで若手の陶芸家を応援することもあります。

ご存知の通り、箱書きというのは、作品を収めた箱に、「私が責任を持っておすすめいたしますよ」という印に、名前を書くことです。茶道の家元なんかだと、その方の箱書き一つで価値がまったく変わってしまいますが、ま、私の場合、この人がすすめるんなら安心やなと思っていただけるという程度のことですが。

一〇人応援して、一人か二人、大成なさればいいと思ってます。言い方はよくないけれど、無駄はあって当然。それを惜しんではいけない。もちろんどの人にも精一杯の応援をさせてもらうわけですから、一〇人いれば一〇人、成功してもらいたいという気持ちはあります。でも、八人大成しなかったからといって、せっかくあんなにしてやったのに、とは思わない。自分が尽くした力を惜しいとは思いません。

できることはなんでもやってあげるし、きっかけは作ってあげるけど、そこから先はその人自身のがんばりや。いつまでたっても私に頼ってちゃだめなんです。卒業していってもらわんとね。

経験の場

今年（二〇〇八年）から、慈照寺観音殿の修復が始まりました。生臭い話ですが、これには大変な費用がかかります。

文化庁に、「雨が漏るんやで、あんた、どないすんねん」と言ったら、「いや、今は予算的に厳しいので、自費でおやりになるのならどうぞ」ときた。「ちょっと待て、国宝やないか。国宝といったら国の宝や、国の宝を国が面倒みなくてどないすんねん！」。バーンと机を叩いて、そう言いたかったけれど、こらえました。喉《のど》まで出たのを飲み込んで、ぐっと。そこでバーンとやっちゃうと終わりですから。それでなんとか、修復がはじめられました。

二〇〇七年には、鹿苑寺の本堂の解体修理も終わって、杉戸絵を日本画家、森田りえ子さんと石踊《いしおどり》達哉《たつや》さんに描いていただきました。お二人とも、画壇での地位も実力もお持ちの中堅の画家ですが、障壁画というのは、これまで手がける機会がなかったそうです。経験がないのになぜそんな大事なことを任せるのかという意見もあるでしょう。けれど、経験というのは、はじまりがなければいつまでも未経験のままです。文化の保存も寺の役割と先に申し上げましたが、守るだけでなく、育てていくこともまた、寺の責務だと私は思っています。実践を通してしか、本当の経験はできません。そうしたチャンスを作ることが必要なのです。なぜ昔の障壁画が、風雨にさらされながらも何百年たっても剝落《はくらく》せずに残ってきたのか、描いて、はじめて分かることがあるのです。そうして、さらに本物になっていっていただきたい。経験は、何ものにも代えがたいのです。

通常、皆さんがご覧になる一般的な寺の障壁画や杉戸絵は、寺が建てられた当時に描かれたものが多いので、建物と同様にたっぷりと古色がついています。ですから、昭和や平成になって現代の画家たちが描いた作品は、建物の古さとのギャップに違和感を覚えることでしょう。でも、それもやがて時とともに落ち着きを増して、百年、二百年、三百年と残った未来には、建物にそぐわしいものになっているはずです。

だからこそ、今、やっておくことが必要なのです。時間は、いきなりは手にはいりませんからね。

文化とは、かくも長いスタンスでつきあっていかねばならないものなのです。

お茶との出会い

年に一度、足利義政公のご命日に、銀閣寺にある弄清亭《ろうせいてい》に表千家のお家元がいらして、義政公に対してお献茶をします。その後に我々参列した者も一服いただきます。

まだ三〇歳になるかならずというある年、私は、銀閣寺の住職でもあった師匠、櫪堂老師からお供せよとの声がかかり、はじめて茶席という場を垣間見ることになりました。

末席で控えていると、おじいさんが入ってらして、すると師匠が、「ちょっと来なさい」と私を呼ばれた。そして、そのおじいさんに引き合わされ、「お前はこの人にお茶を習うように」。それが表千家の当時の家元でいらした一三代即中斎《そくちゅうさい》でした。

それまでの私は、参禅弁道の修行に明け暮れて、茶道に関心を持つ余裕などなかったのですが、茶の湯というのはそもそも禅から発生したものです。ですから師匠からお家元を紹介されて、なるほど少しはやっておかなければと考えるようになりました。

二日ほどたって、表千家からお使いが見えて、「お家元からです」と、包みを置いて帰られたので開けてみると、許状が二枚。「入門」と「習事《ならいごと》」が入っていました。

まだ何ひとつ稽古もしていないのに、こんなもんをいただいてしまったらもうやるしかない、と思ったのですが、後から聞いたら、あれはだれにでもくれるもんなんですね。茶道の許状というのは、一定のレベルをクリアした証《あかし》に出るのではなく、これからこの稽古をはじめるのを許しましょう、というものなのです。そんなわけで、初心者の私もいただいたのです。

そうして、表千家の稽古をはじめました。もちろんお家元自らお教えいただくわけではなく、お家元から託された先生について、です。私が習ったのは、一二代惺斎《せいさい》宗匠時代からずっとお家元で稽古をなさっていた吉田喜美《よしだきみ》先生というおばあさまでした。即中斎、現家元の而妙斎《じみょうさい》へと、三代にわたってずっと表千家にお仕えになった先生で、私にとっては祖母のような年代の女性でした。鹿児島出身で、そんなところも大分で小僧時代をすごした私にはどこかなつかしくもあったのでしょうか。

千家十職の道具で稽古

まず掃除、そして水屋での準備、部屋のしつらえ、そこからです。茶室でお茶をいただく作法や、ましてやお点前《てまえ》などは、そういうひと通りのことを教えていただいてからです。いきなりさせてもらえるわけではないのです。

茶道というのは、何も知らないとがんじがらめの決まりごとだらけのように見えるかもしれませんが、実は極めて合理的なのです。点前を覚えることが茶道ではなく、いかにおいしく、自然に一服のお茶を点《た》てるかを考えたときに、点前というルールが生きてくるのです。

稽古をはじめて二、三年も通ったころでしょうか、「有馬さんは、今後、お正客《しょうきゃく》をなさるお立場だと思いますので、お正客ということを中心にお勉強しましょう」とおっしゃって、さらにみっちりと稽古をしていただきました。

その先生についてよかったなと思っています。なにしろ稽古道具が全部、千家十職《せんけじっしょく》の道具ですから、本物なんです。千家十職というのは、表千家、裏千家、武者小路千家のいわゆる三千家に仕えて、漆なら漆、焼き物なら焼き物といった専門の仕事をする一〇の職家《しょくけ》のことです。紹鷗《じょうおう》棚《だな》が利斎《りさい》で、棗《なつめ》が碌々斎《ろくろくさい》在判の宗哲《そうてつ》。お茶をなさっている方ならお分かりになると思いますが、これはすごいことなんです。そういう道具で稽古させていただくんですから、どれだけ勉強になったか分かりません。道具の扱いはもちろんのこと、何より、茶道具に対する関心が非常に高まりました。茶道において、いかにお道具というものが大切であるか。それを身をもって知ったことが、後の承天閣美術館建設にもつながってくるのです。

利休の手紙から読み取れること

現存が確認されている利休さんの手紙は、歴史学者の桑田忠親《ただちか》先生によるとだいたい今のところ分かっているだけで三〇〇通前後あるとされています。驚くことに利休さんは、その三〇〇通近い消息《しょうそく》の中で、お茶の論理というのを、ほとんど書いていないのです。

この間のお茶はよかったとか、お招きありがとうとか、今度いついつお茶しますからどうぞおいでください、というのがほとんどで、茶の理論にまで踏み込んだ記述はないのです。代わりに、茶道具をあっせんしている。これは実に面白いことです。利休さんというのは、確かにお茶の師匠です。しかしもともとは、堺の商人です。ですから茶道具のあっせんをする、これは当然です。しかも、ただ売ればいいというのではなく、道具と人の格というものを常に考えておられたことが、手紙から読み取れます。つまらない人に、いい道具を持ってほしくないと思っていたことが、ひしと伝わってきます。

茶道具というのは、信長や秀吉の時代には領土に匹敵する恩賞でしたから、名物とされるものには、国一つにも値するようなものすごい価値があったのです。そうした道具を扱う立場にいた利休は、当然、政治の裏表を全部知っています。

『利休百首』として残されているような、お茶では何を心がけろとか、点前ではここが大切だといったような茶人としての利休とは別の顔が、そこにはあったのです。消息を見る限り、その対人関係というのは実に複雑怪奇です。薩摩《さつま》の動向を探ってみたり、だれそれがどんな動きをしているとか、そんなことも書かれています。

そして、もうひとつ面白いのが、利休の消息文の中で秀吉に宛てたものは一通しかないという点です。実はもう一通あることは確認されているんですが、そちらは現在、行方不明になっています。唯一、現存するその手紙も、太閤秀吉宛ではなく、羽柴藤吉郎宛。秀吉が一五八二（天正一〇）年に信長の跡を継ぐ以前の消息です。

内容はというと、秀吉が利休に金襴の裂《きれ》を預けて茶壺の蓋覆いを作ってくれと頼んだことに対して、「今、それを注文しているから、間もなくできてくるのでご心配なく」という返事です。この茶壺というのは、秀吉が信長から拝領した有名な野宮茶壺。その流れを見ていると、当時の茶道具というものの価値、利休のポジションというものが、見えてきます。

秀吉が権力を持っていた時期の主だった武将は、ほとんどが千利休に接近しています。なんといっても利休は秀吉と非常に親しい関係でしたから、秀吉と大名たちとの間を取り結ぶ御用係のような役目を果たしていた。いわゆるツーカーの間柄、です。秀吉が何をするか、全部、利休は知っている。政治の裏の裏まで全部、知っているのです。そうして最後は切腹ということになる。知り過ぎた男、なんですね。

茶と禅の共通点

利休は、大徳寺の古渓宗陳《こけいそうちん》（一五三二―九七）についてずっと参禅していました。大阪の正木美術館にある重要文化財の「千利休図」には、古渓宗陳が讃を加えています。利休を立派な人物であると認めて盧同《ろどう》になぞらえています。盧同は陸羽《りくう》と並ぶ、唐時代の茶道人です。なまじの禅宗坊主よりも、よっぽど禅を極めている人だ、と。

唐物《からもの》（主に中国製のもの）オンリーだった時代に、利休が侘《わ》び茶の世界に入っていった根底には、禅があるのです。

無駄を省いて、省いて、省き切って、そこに残った正味の本物だけを認めていくというのが禅の世界です。本来無一物という境地に向かって、利休は進んでいく。ですから、先ほどの消息の話にもつながりますが、利休が、人にああせえ、こうせえと教えがましいことをけっして言わなかったのは、そこなんですね。態度で示す。これが禅を突き詰めていった利休のやり方だったのです。実践あるのみ。だから態度で示す。

有馬家にずっと伝わってきた利休の書があります。私はよくいろんな本に書いていますが、「半身達磨《はんしんだるま》自問自答」というものです。「絵ニカケル、ワレコソワれよ古《いにしへ》ノ如何《いかなるか》是九年面壁《めんぺき》」と、達磨さんが九年間壁に向かって坐禅を続けたという姿に自らを重ねて問うています。達磨＝「利休自身」です。「達磨さんが九年面壁したように、私はずっと茶の湯をやってきた。達磨さんの九年の面壁には本当はどんな意味があったのか、私がずっとやってきた茶とは何なのか」と。

それに対して、利休が自ら答えます。「返歌とて遊《い》ふべき事ノあらバコソ、返歌せぬコソ返歌成《なり》けれ」。返歌はしません、それには答えませんよ、と言っている。返事をしないということが私の返事です、ということなんですね。

これは利休が自分の茶の湯に対する哲学を語った、唯一の言葉だと思います。利休は、切腹する際に「人世七十、力囲希咄《りきいきとつ》」という遺偈《ゆいげ》（禅僧の辞世の言葉）を残したということになっていますが、それはほかの禅僧の遺偈と同様に、紋切り型のお決まりの言葉でしかない。この「半身達磨自問自答」、これこそが利休の本当の遺言だろうと私は思っています。当時、利休の切腹をテーマにした小説『本覺坊遺文』を書いておられた井上靖先生に見ていただいたんです。そうしたら、「いや、しまったな、もうちょっと早く、これ、見せてほしかった」とおっしゃっていた。井上先生も、これこそ利休の遺言だろうと思われたのです。

七〇歳近くまでひたすら茶の道をやってきたけれど、その自分の人生とはなんだったのか。そう自らに問い、最後にこう答える。「答えないことを答えにしよう」。その答えは君たちが、何十年、何百年、ずっと求め続けなさい。そういうことだと私は思っています。

大いなる宿題です。

しかしながら、だからといって利休は俗と無縁なわけではなく、むしろ俗の極みともいうべき商売人でもある。そのあたりが、当時も、四〇〇年以上たった今も、人々が慕う利休の人柄というものなのでしょう。両極を同時に持つことができた。大変な人物です。

そんな人ですから、秀吉から切腹を命じられたところで、少しも動じなかったことでしょう。生きる、死ぬ。そんなことはもうたいしたことではないという境地に達していたに違いありません。「切腹だ！」「へえ、承知いたしました」。そんな感じだったのではないでしょうか。

一説には、北政所《きたのまんどころ》（秀吉の正妻、ねね）に命請いをしたら助かるだろうからと、細川三斎（忠興）や古田織部が、動いたといいます。一言、詫びを入れてください、そうすれば、私たちが使いとして間をとりなしますから、と。当時の大名たちの何人もが自分の弟子なのですから、実際、もしもそこで頭を下げていれば、どうとでもなったことでしょう。

けれど、利休はそれを拒んだ。

本当は、切腹を命じた秀吉自身が、だれよりも利休の詫びを待っていたのかもしれません。利休切腹後、ある茶会で、秀吉が激怒した。利休がいたらこんなことは絶対にしなかった、と怒ったというエピソードが伝えられています。秀吉はそれだけ利休という人物を認めていて、自分で死を命じたにもかかわらず、ああ、惜しい人物を失ったと思っていたことでしょう、きっと。

これだけ後世に対して影響し続けている利休さんは、やっぱりすごい人です。それは禅の修行をなさって、生きているうちに「死に切る」ということを参禅することを通して極めていたからなのでしょう。

お茶は特別なものでなく、日常の中にこそある

私も、年に何回か、お茶会を催します。一席一五人前後で、一二〜一三席。朝から夕方までずっと、濃茶を練る。肩が痛《いと》なって、けっこう大変です。

即中斎も、お正月の初釜では、だいたい六〇〇人ほどのお茶を、全部、自ら点てていらした。現家元の而妙斎が見かねて、代わりましょうかと言ったところ、「正月ぐらい点て

させてくれや」と言って、全部点てられたそうです。ですから、今の家元も初釜では全部自ら濃茶を点てています。直接の稽古を受けたわけではありませんが、即中斎は私の茶の師匠ですから、私も師匠の通りにやっているわけです。

お茶というのは、おもてなしですから、そのもてなしを亭主がしなかったらどうするんですか。弟子にやらせていたのでは、おもてなしとはいえません。自らやる。そこが大事なんです。

小間《こま》の茶室で茶事、これがお茶の本当の姿です。そういう意味でやっぱりお茶事をしなくてはいけないと思いますね。茶事をするとお茶のよさがよく分かるんです。

食事にしても、今はほとんど自分では作りません。お弁当か、よくても出張料理を頼んで全部やってもらう。しかし、亭主が自ら料理も作るのが本来の茶事ですから、私はできる限り料理も自分でやります。庭掃除から何から、茶事の前には最低三日から五日かけて準備をします。当日も、蹲踞《つくばい》の水替え、水まき、全部一人でやります。

お客さんが気を遣って「管長さん、お手伝いの方にもどうぞ、一服」とおっしゃるので、「手伝い？　おりまへんで、そんなもん」。えっ、と驚かれます。「一人でやってはりまんのか」と。

小僧時代から、掃除から食事作り、全部やってきてますから、お手のものです。うちでする茶事は全部精進です。肉も魚も一切使いません。だしは昆布と大豆です。手間物ですよ。胡麻豆腐など、胡麻をするところからはじめて、それこそ半日がかりです。とろとろになるまですった胡麻をふきんで搾って搾って、吉野葛《くず》で練り上げていく。

このごろは、そういう純精進料理には、ほとんどお目にかかれません。野菜ひとつにしても、その持ち味をとことん生かしていく。皆さん、驚かれて、そして喜ばれる。喜んでくださるのを見ると、やめられなくなってしまう。

ですから、本来は、お茶というのは特別なことじゃなくて、本当に毎日の積み重ねなんですね。日常です。山海の珍味ではなく、そこにある素材をいかに上手に生かして、いかにおいしく食べていただくか。そういうことを全部ひっくるめたお茶というのは、どれだけ楽しいものか分からない。

お茶は難しいとか、特別なことだと思っていらっしゃる方が多いと思いますが、本当のお茶は、けっして日常と切り離されたものではなく、むしろ日常の中にこそある。道具の華美を誇ったり、名物道具を集めて、みせびらかすのがお茶ではない。料理も一汁三菜で、簡素なものです。

本当に大物といわれる人は、こうした「当たり前」のことをおろそかにしない人です。お茶は、その「当たり前」の素晴らしさ、奥深さを教えてくれる素晴らしい世界だと思っています。

独座観念

井伊直弼《いいなおすけ》公は、安政の大獄など毀誉褒貶《きよほうへん》の多い人物ですが、私は、こと茶の湯に関する限りものすごい理論をお持ちの方だと思っています。もっともすごいのは、「独座観念《どくざかんねん》」という発想です。

お客様がお帰りになるのを見送って、門を出られた気配を感じたころ、もう火が落ちかけている釜の湯で、今日一日の茶事を振り返る。そうして、自分自身のために茶を点てて、いただく。これが独座観念です。

現代なら、ちゃんとタクシーは来ただろうか、無事電車に乗られただろうかと、お客様のことを心の中でなお見送りながら、今日の一座を振り返るわけです。この一服。これが本当の茶人の醍醐味であるとおっしゃる。さようなら、でおしまいではないのです。その先こそが、大事。

お茶を稽古している方は、ぜひ、なさってみてください。いろいろと書物を読んだり、人から教わったりすることも、もちろん大切ですが、知識に留めることなく自分自身がしてみてはじめて本当の意味が分かるのです。それはお茶に限らず、なんでもそうでしょう。逆に言えば、茶の湯というのはあらゆる普遍性を持った深いものだとも言えるわけです。人間の生きざまが全部そこに現れる。

思えば不思議なもんです。うちの先祖が利休さんの弟子だったと知って、師のすすめもあり、茶に興味を持ったのがはじまりでしたが、それで人生がどれだけ豊かになったか分かりません。美術工芸品も勉強するし、書も勉強する、絵画も勉強します。食事に作庭、お茶をやっているとそうしたこと全部が分かってくるのです。

ひとかどの経済人、財界人といわれる方たちは、ほとんどお茶をしているというのに、政治家にはその余裕がない。これは極めて残念なことです。

なぜ各界のトップ、リーダーと呼ばれる人たちの多くが、お茶を嗜《たしな》むのか。それは、利休によって到達した茶の世界が、単なる「作法」を超えて、心を見つめ、己という人間を見つめようとする、まさに禅の世界そのものにほかならないからです。

◎禅語・仏教用語解説

人世七十、力《りき》囲《い》希《き》咄《とつ》（一五九頁）
利休の辞世の偈。この後に「吾這宝剣《わがこのほうけん》　祖仏共《そぶつともに》殺《ころす》」と続く。七〇年も生きてきてしまった、エイ、エイ、エーイッ！（大悟したときに発する語）わが内にある宝剣で祖も仏もたちきろう、の意。

死に切る（一六一頁）
出典：『碧巌録《へきがんろく》　四一』
趙州と投子《とうす》との問答に「大死底《だいしてい》の人、返って活する時如何《いかん》」（大死底の人が生き返ったらどう

なるのか?）の語がある。大死底の人とは、心を空にして仏道修行に徹することで真の新しい生命を得た人で、これこそ禅における「死に切った人」のこと。

独座観念《どくざかんねん》（一六四頁）
出典：『茶湯一会集《ちゃのゆいちえしゅう》』
大名茶人・井伊直弼が記した言葉で、「余情残心」のさらに奥の境地。茶会を終え客が帰った後に、独り茶室に座して余情を楽しむという、茶の湯の極地の心境。

第五章　生きること、死ぬこと

臘八大接心の苦行を乗り越えると、まったく新しい世界が開ける

我々の禅の修行の一つに、臘八大接心《ろうはつおおぜっしん》というものがあります。毎年、一二月一日から八日の朝まで行われる修行です。お釈迦様がブッダガヤでお悟りになったのが、一二月一日から八日にかけて入られた瞑想《めいそう》によるものだというのにちなんで、その同じ日に、我々も同じ体験をしようということで行われています。私は、これまでに一三回、経験しています。

私がはじめて経験したのは二二歳のときで、「もうこれは人間の業《わざ》ではない」と思ったほど、それはそれは過酷な修行です。

八日間、不眠不休で、横にはなりません。寝ないのです。坐禅をして、老師の講義を受け、また坐禅堂に帰ってきて座る。食事は、通常通りいたしますが、食堂から戻ってきて、また座る。ずっとそれが続いていく。

そうしたすべての始まりと終わりは、鳴物で合図します。カチンと叩く鐸《たく》と、チーンという鐘《かね》と、響き渡る音はこの二つのみ。

三黙堂といって、禅宗では、浴室、僧堂（坐禅堂）、西浄（東司《とうす》。便所）、この三つの堂ではものを言ってはいけないという決まりがあるのです。言葉の代わりに、チーンとかカチンで全部分かるようになってるわけです。黙々と、食堂と本堂と坐禅堂の三カ所を行き来するだけの八日間です。

今は地球温暖化でだいぶ変わっていますが、私が雲水だった五〇年前には、この時期はいつも雪が降っていたので、それはそれは寒いのです。坐禅堂の窓を全部開け放っているため、粉雪がひゅーっと入ってきます。そんな中でやるわけです。

一番つらいのは三日目ぐらいです。その一番つらいときをどう持ちこたえるか。それは、一人ではないということが大きいと思います。二〇人、三〇人、一緒になって挑戦する。そこでお互いの切磋琢磨《せっさたくま》というのがあるんですね。これが非常に重要です。お互いに影響しあうんです。隣のやつががんばってるじゃないか、と。ならばなんで俺ががんばれへんのやという気持ちが生まれる。お互いにそうやって切磋琢磨をすることで、なんとか乗り越えられるのです。これは道場ならではです。

そういうものを何度か乗り越えていくと、やがて独接心、つまり一人で同じような修行をすることもできるようになります。

ところが新米のときは一人じゃとても耐え切れません。以前、同志社の柔道部の学生さんに話を聞いたことがありますが、柔道の修練というのも、大変厳しいものだといいますが、それを乗り越えていけるのは、やはり仲間の存在だと言っていました。あいつに負けたくない。いい意味でのライバル心が、励みになるのです。

フィギュアスケートでも、韓国のキム・ヨナさんと日本の浅田真央さんが、すごいレベルで戦っていますね。これは、同じレベルの二人がいるからこそです。互いに刺激し合い、自分を高めようと努力する。本人たちも、お互いがいるからこそということをちゃんと自覚しているのがすごいですね。そしてまた、一七歳でそれを悟ってしまうというのも、すごいことです。

三回転とか、三回転半とか、くるくる回ってますが、私なんて、あんなふうにしたら目が回るどころか、下手をしたら心臓発作を起こして死んでしまいます。それをやれるのは、これこそ体験で開発された能力ゆえ。人間の能力を超えた力を発揮させるのが、修練というものなんですね。

世界的な数学者である広中平祐《ひろなかへいすけ》先生とある大学で対談をさせていただいたことがありますが、とても印象に残っている話があります。先生が、学生に向かって、「君たちね、天才なんてそうそういないんですよ、生まれたときは、みんな同じ鈍才。努力してはじめて天才になれるんですよ」とおっしゃった、というのです。私などは、広中平祐といえば天才やと思っていますから、これにはちょっと驚きました。

一つの道を究める、そういうことになってくると、努力、努力、それしかない。つまり体験の積み重ねなんです。

乗り越える醍醐味は、一度知るとやみつきになる

少し話がそれましたが、元に戻って、臘八も四日目になると、だいぶ楽になってきます。そうして五日、六日、七日、八日というのは、もう一気呵成《いっきかせい》です。

意識がぴりっと引き締まるというのでしょうか。感覚が研ぎ澄まされてきます。必要最低限の呼吸だけで生きているという感じ。そうして坐禅していると、自分が浮遊する感覚になるのです。ふわっ、と。ミスター・マリックじゃないですから、もちろん現実に体が浮くわけではありませんが、感覚的に浮遊する。精神的に軽くなるんですね。

人間、ぎりぎりの極限状態になると、そういう不思議な現象に襲われるのです。

この体験を通して、はじめて人間は自分自身が空っぽになるということを実感できるのです。それを与えられるんじゃなくて自分自身で求めてする。これが禅の修行の一つ。これをやらないと禅宗の和尚さんにはなれないのです。

途中で脱落する者もけっこういます。でも、脱落したら、それで終わり。その寺の道場には二度と入れません。禅の世界は厳しいのです。

ただし病気は別ですよ。とくに新米の場合、これから一週間寝ないという、その恐怖感に襲われて、高熱を出す者もいます。毎年、必ず、救急車で運ばれていく者が何人かはいますが、二〜三日すると、けろっとして帰ってきます。

ですから、この経験を一度して、乗り越えることができると、ちょっとやみつきになってしまう。醍醐味というのでしょうか。空っぽになる、つまり、一度死ぬという感覚が、意識でなく感覚としてのみ込めるのです。もう怖いものなどなくなって、なんでもできるような気分になってしまう。

やれと言われたからやるのではない、ということに意義がある。まあ、確かに最初はやらなくてはならないと思ってするわけですが、二度目、三度目には、自ら望んで、求めてやるようになる。しかし、一度目でまったくその醍醐味というのが感じられなかったら、やれと言われてももう二度目はできないでしょう。

私どもの寺には、大学を卒業して修行に入る者もけっこういます。その人たちは苦労されますよ。もう毎日、泣いてます。なんでこんなことせなあかんのやとか、だれがこんなこと決めたんや、と。

そう思うのも無理のないことです。私は、幼いときから小僧生活を経験しているから、全然しんどくないけれど、普通、その年齢まで大きな苦労もなく育ってきたら、禅寺の修行というのは想像を絶する苦行に違いありません。そういう意味で、やはりさまざまなことを体験して経験して納得していく、その回数が多ければ多いほど人間として成長するというわけです。

すべてが空しく思えたとしても

単に坐禅をするだけでなく、師匠からいただいた公案について坐禅をしながら考えて、自分なりの答えを見いだすというのも修行の一つです。いわゆる皆さんがイメージする「禅問答」というものです。

公案というのは、悟りを開いた先達の言動をもとにした設問のことで、決まった答えがあるものではありません。ですから、最初は、わけが分かりません。

もっとも有名な公案の一つに、「狗子《くす》に還《かえ》って仏性有やまた無しや」というものがあります。狗子とは犬のこと。つまり、「犬に仏心はあるのか、ないのか？」という問いです。そんなことをいきなり聞かれても、どう答えていいものやら。また、公案に正解というものはありませんから、師匠によって見解は異なります。最初は、まさに闇の中で手探りをしているような気分です。

ところが、何度も何度もそうしたやりとりを重ねていくと、だんだんと答え方というものがつかめてくるものです。禅問答のスタイルとでもいうのでしょうか、それが分かってくる。出された公案にそつなく答えられるようになって、なるほどこんなものかと分かったような気分になるときがくる。今まで一生懸命、うんうんうなって考え込んでいたことが何かアホらしく思えるのです。

ところが、ここが落とし穴。とんでもない落とし穴なのです。それは禅問答の方法論が身についただけであって、けっして本当の意味で禅を理解したわけではない。中途半端な理解でしかありません。けれど、自分ではすっかり分かったような気分になってしまう。

これは、禅に限らず、なにごとにも言えることです。一つのことを一生懸命やればやるほど、何かを強く求めれば求めるほど、それが手にはいってしまったのではないかと思った瞬間、ふとすべてが空しく感じられてしまう。

逆もあります。求めても求めても、そこにたどりつけないもどかしさに、何もかもが空しく無駄なことに思えて、ああ、もうやめた、という気分になってしまう。

まるで逆のようですが、どちらも根っこは同じです。それは、求める道の途中でしかないということ。

そういう時期は、必ずくるのです。私自身、経験があります。師匠にも言われました。

あほらしくなるときが必ずくるのだよ、と。

犬に仏さんの心があろうがなかろうが、実は、どうでもいいことなんです。しかしなんでそんなことをわざわざ取り上げて、考えなくてはならないのか。なんで知ろうとしなきゃいけないのかという話になってくるんですよ。考えること、それ自体が大切なのです。なんやそんなもん、あほらしいと思っても、そこでやめてしまったらおしまいです。あほらしいと思っても、なお考える。そこが大事と、師匠はおっしゃった。そして、もう一つ向こうのものをきちっと見定めたとき、本当の何かが見えてくるのです。

極めれば、人は仏になる

ここであらためて思うのは、『無門関』に言うところの「門より入る者は是れ家珍にあらず」という言葉です。これは第二章でお話しした通り、外から入ってきたものは宝ではない、自分の中から啓発されて、できてきたものこそが宝なんだよ、というもの。門から入ってきて手に入ったもの、自ら望んで手に入れたもの。それは、たとえるなら知識と会得の違いです。知識では分かったとしても、会得したことにはなりません。

その点をきちっと踏まえていかないと、ちょっと難しくなる。知識だけが先走ってしまって、自分自身の体がついていかなくなってしまうんです。怖さとか、焦りとか、邪心とか、いろいろと余計なものが出てくるんですね。

おそらく昔の職人さんは、自分がやることだけを生涯ずっとやって、それをよりいいものにしようという一心で仕事に打ち込んでいた。余計な考えが入り込む隙がなかったから、自分自身の今も、死も、潔く受け入れられたのではないでしょうか。第四章でお話しした西陣織の山口伊太郎さんなどは、まさにそうであったのだろうと思います。

七〇歳からあの大作に挑まれて、三〇年以上、コツコツと続けられた。七〇歳といえば、世間ではとっくに定年です。第二の人生を、さらにもう一周してしまわれたという感じでしょう。もうけるつもりもないし、売るつもりもない。それを成し遂げられた思いには、本当に頭が下がります。

伊太郎さんも、亡くなる前日までご飯食べて、普通にお仕事もしてらしたそうです。ある朝、いつもの時間になっても二階から下りてこないので、息子さんがようすを見に上がったら、布団の中で亡くなっていたそうです。一〇五歳の大往生です。

そういうふうに、一つのことをずっと突き詰めてやっておられると、いつの間にか気持ちが仏様になってしまわれるのではないでしょうか。何かを極めるというのは、そういうことなのです。

こらえた先に、何かが見える

ものごとがすごく順調なことは、もしかしたら本人にとってはすごくつらいことかもしれませんね。何か障害にぶつかって、落ちこんだり、それてしまったりすることで、むしろボーンとはずみがつくこともある。

効果とか上達という結果は、そうそう簡単に出るものではなくて、うまくなっているんだか、なっていないんだか、さっぱり実感のない平行線の状態がずーっと続いて、ときには、もしかしたら下がっているのかもと思ったりもして、それでもあきらめずに続けていった先に、ふっと、ひとつ世界が開ける。階段を上がれる。そんなもんです。

手応えがない空しさをこらえたり、何かつらいことと出合って、あるとき、気づいたらぐんと上がっている。

たとえば私の場合、子供のときから書道をやっていますが、三つぐらいから筆を持たされていたんです。ところが、何を書いてもあかん。自分自身で分かるだけに、つらい。けれどもそんなこと言っても仕方がないし、伯父が非常に厳しい人でしたから、とにかく正座して半紙に向かい続けました。

そういう毎日の中で、ある日、どういうわけか、ふっと一段階上がるんです。自分のいる場所が、あ、変わったと思える。

あれは不思議ですね。自分でも驚くほどすっと書けるときがあるんです。

ずーっと平行線できて、それをあきらめずに続けていくと、あるときふっとまた上がる。不思議なことですが、だんだんだんだん、少しずつ少しずつ、人様に見ていただけるような字が書けるようになってくるんです。そういうものなんです。

そんな自分自身の経験に照らして、マニュアルというやつは、近道をしているようでいて、実は本物へ向かう道を遠回りしているように思えますね。愚直なぐらい、前をしっかりと見据えて、着々と進む。たとえ目先では損をしたように思えても、最期ににっこりと笑えるのは、そういう道を歩んだ人間なんだと思います。

禅の修行が、まさにそうです。ひとつひとつ越えていく。ひとつひとつクリアしていく。だんだんだんだん本当の自分に、生まれたときの気持ちに還っていく。つまらないことは、何も考えず、きれいな気持ちになっていく。

それが修練です。禅の修行がなぜ必要なのか。禅に限らず仏教の修行というのはなんで必要か。

体験なんですね。体験だけが正真正銘なんです、そうでしょう。たとえば、いま目の前にあるお茶が、熱いか、ぬるいか、冷たいか。それは、飲んでみなきゃ分からない。見て、湯気が立っていたら、熱そうやなと思う。そうして、飲んで、あちちと知る。見ること、飲むこと、これが体験です。禅の言葉にある「冷暖自知」とは、そういうことです。つまり、体験を通して知れ、ということ。そういう数限りない体験を通して、だんだんだんだん人間は成長していくんですね。

無の境地って、最初は、そんなアホなと思うでしょう。けれど、ひたすらに集中して何かをしていく中で、なるほど、こういうことかなとふっと気がつくことがある。キラリと何かがひらめく瞬間。それはまぎれもなく小さな悟りなんです。それをさらに積み重ねていく。逆に、体験を通さないことはすべてが机上の空論。幻でしかありません。それは、禅に限らず、社会のすべてに言えることでしょう。

大工さんだって、設計図を引いただけでは家はできません。現実に材木を調達して、切って、組み立てて、いろんな作業の積み重ねの末に家ができ上がる。それが唯一、正真正銘のものなんですね。

絵に描いた餅は食えません。絵に描いた餅を追い求めるのではなく、どうしたら本物の餅を食べられるか。それには考えているだけじゃだめです。体を動かして、餅を手に入れ、煮るなり焼くなりしなくちゃなりません。

ところが、現代は絵に描いた餅ばかりを追い求めすぎている。楽を求めて、結局、本物を手に入れられずにいるんです。

落ちこんだら、じたばたせずに、じっとしていればいい

わけもなく空しくなったり、落ちこんだり、イライラとしたり。身に覚えのない、自分では原因の分からない感情や感覚は、「諸縁の因縁」だと夢窓国師は説きます。過去の宿

世の因縁というものが自分に集約して、凝り固まった結果、陥った状況であって、あくまでも一時的なもの。必ず治る。大切なのは、途中で投げ出さず、治るまでとことんやって、見届けることなのです。

健全な人間は行き詰まりません。気持ちが行き詰まるのは、言ってみれば、病気みたいなもの。時がくれば必ず治ります。回復すると信じることが大切なのです。それが、『夢中問答』での、足利直義《ただよし》への夢窓国師のお答えです。その通りだなと思います。ちなみに『夢中問答』は、足利尊氏の弟である足利直義が、仏法について質問したのに対して、国師が懇切丁寧に答えられた問答集のことです。

では、具体的にどうするか。病んでいるということは、気力、体力がものすごく落ちているときです。行き詰まっている、落ちこんでいる。そこから回復し、健康な心、前向きな気持ちを取り戻すには、どうすればいいのか。さて、そこです。

不思議に思うかもしれませんが、取り戻そうと思わないこと、なんですね。水中で脚がつったときに、溺《おぼ》れてしまうのと一緒です。冷静になれば、実は足が着く程度の水かもしれない。時をやりすごせば、つった脚が元に戻って泳ぐことだってできるでしょう。それをあわててじたばたするものだから、とりかえしのつかないことになる。

落ちこんでるときも、なんとかしなくてはと焦ることで、だんだん深みにはまっていくのです。考えれば考えるほど、蟻地獄みたいになって、這い上がろうとすればするほど、ずるずると落ちてしまう。ただでさえ気力が果てているのに、さらに無駄な労力を使うものだから、余計に弱る。そうして完全に鬱にはまり込んでしまうのです。

そこから這い上がるには、落ちこんだその状態のまま、じっとしていることです。人間というのは、面白い生き物で、いつまでもじっとしていられないようにできているのです。諸行無常、日々は刻々と動いていく。その中で自分だけ動かずにいるというのは、それはそれで、けっこう苦痛なものなんですよ。ですからじっとし続けていれば、必ず動きたくなってくるはずです。

がんとも仲良しになる

人間、自分にとってマイナスなことは受け入れたくないものです。なんとか排除したいと思う。当然ですね。でも、それが排除できないのだとしたら？　唯一の方法は、それと仲良くすることです。

あるとき、知り合いがお見えになってひどく元気がなかった。どこか調子でも悪いのかと尋ねると、自分は肝臓がんで、もうじきあきませんのやとおっしゃった。こういうとき、下手に大丈夫ですよ、きっと治りますよ、なんていうのは、一番よくない。その人自身、末期だという自覚があるのですから、中途半端な励ましの言葉は無責任だし、失礼というものです。

ですから私は、「そうか、なら、病気と仲良うしいや」と、その方に申し上げた。するとその方は、私のその一言で何かが吹っ切れたみたいで、「分かりました！」と帰っていかれました。

次にお見えになったら、えらい元気になっていて、前回会ったときとは別人のようです。ちょうどそのころ、私は北朝鮮へ行く予定があって、その話をしたら、「僕も行きます！」と言う。で、行きました。病気だなんてことを忘れてしまいそうなぐらい元気にあちこち観光して、なにごともなく帰ってきました。

そのうちに、私が大腸ポリープを切除するために入院していると、その方がお見舞いに来てくださった。死ぬか生きるかという人が、私の大腸ポリープのお見舞いに来てくれた。なんだか妙なもんです。

帰りがけに「管長さん、早く元気になっておくれやっしゃ」「そやな、あんたも気張ろうな」。そんな言葉を交わして別れて、それからもう一月《ひとつき》しないうちに、亡くなったんです。

そのころの彼は、もう死というものを意識しなくなったんですね。「もうすぐ自分は死んでしまう」と考えるのでなく、「今、自分は死ぬまで生きているんや」と考えるようになった。

泣いても笑っても、死ぬまでは人間、生きてるんだ。死にたくない、嫌だ、じゃないんです。自分自身の死と仲良くなってしまった。後で奥様に聞いたら、「にっこり笑って死なはりました」そうです。

だから、なんでもそう。気持ちの持ちようです。心の問題。今ある現実をどう受け止めるか、です。落ちこんでいるなら、落ちこんでいる今の自分と仲良くする。そうしたらもう、あとは上がってくるしかないわけです。

これと思えるものに出会ったら、前進あるのみ

何かもっと違う道があったんじゃないか、違う方向へ行くべきじゃなかったか、これは間違っていたんじゃないか、と考えることもあるでしょう。

だけどよくよく考えたところではじまらない。してしまったことは元には戻らない。時間は逆戻りしないのです。

失敗なら失敗。その事実をまずは受け止めて、前へ進むのか、気力が湧いてくるまでしばらくはそこに留まるのか、どちらかしかありません。

私だって、禅の修行を途中でやめようと思ったことが何度もあります。小僧時代も、雲水になってからも、修行中はしょっちゅうです。管長という今の立場になってからだって、もちろんある。もう辞めよう、もうあかん、私はむいてへん。でも気持ちの高ぶりの一時をしのげば、だんだんと冷静になって、また続けられました。

私がそこに留まれたのは、なぜか。簡単です。行くところがないからです。

いま目の前にある現実を生きるよりほかに、私には生きていく道がなかったからです。逆

に言えば、自分のような人間は、何をやっても、どんな場所でも、生きていくことができると思っているのも事実です。その自信があるから、投げ出すのは最後の最後、まだもう少しここで踏ん張ってみようと思ってやってくることができた。

よくよく考えてみると、私は、本当に仏教というものが性に合っているのでしょう。仏教の大きさに、心底惹かれてしまっている。だから、ちょっとやそっとのことがあったって、ここからは逃げることができない。仏教から離れられないのです。

ですから、もしも自分にはこれ以外にないと思えるものに出会えたら、簡単にあきらめずに、とことんそれと向き合ってごらんなさい。

その中で、落ちこんだときは落ちこんだままでいい、這い上がろうとしなくてもいいんです。無駄な労力を使う必要はひとつもありません。とにかく投げ出さず、今の自分自身をすべて受け入れて、肯定する。いいことも、悪いことも、すべて肯定してしまえば、少しも苦しいことはありません。

そうしてじっとしていて、気力も戻ってきて、さて動き出そうかというときになって自分に問うてみればいいのです。自分はこの先、また同じ道を歩き続けていけるのか否か、と。

もしもそこで、好きという気持ちを取り戻せなかったら、そのときは、違う道を探せばいい。それまでのことだったのです。

余裕のないときに決断をしようとすると、必ず判断を誤ります。大きな決断をするには、まず心にちゃんと余裕を取り戻してからでないとだめ。冷静になって、じゃあ自分はどないしたらええのやろと考える。すると、それまではまったく気づかなかったことに、ハッと気がつくことがあるものなんですよ。

摩拏羅《まぬら》尊者という方が、「心は万境に随《したが》って転ず。転ずるところ、実に能《よ》く幽なり」とおっしゃった。「心は万境に随って転ず」——心というものは、万の境地、境涯に従って転じていく。「転ずるところ、実に能く幽なり」——転じていったところは幽だ。「幽」というのは、臨機応変に働くということです。

つまり、心というのは状況によって常に動いていてじっとしていることがない。そうしてたどりついたところこそ、素晴らしい場所なんだよ、ということ。

たとえば私が今日は東京へ行き、明日は長崎へ行く。その行った先々で、そこが素晴らしいなと感じる心を持ちなさい、ということです。

せっかくいろんなところに行っても、自分は京都が好きだと言い張って、かたくなにほかの土地の魅力を否定していたら、見えるものも見えてきません。

その理論でいけば、気持ちがどん底であれば、そのどん底を素晴らしいと思えばいい。そうすれば、そこから何かが見えてくるというわけですね。ま、分かりやすく言ってしまえば、いい意味での開き直り、ということでしょうか。

実際、私という人間は、本来は坊さんにむいていない人間なのです。自分でもそれはつくづく、いやというほど感じてきました。それでも、仏教が好きで好きで、ここまできてしまいました。

生涯の師の生き方、死に方

さて、いよいよ、究極の問題――いかに生きて、いかに死ぬか、について考えてみましょうか。

何度も言いますように、生まれてきたことと死ぬこと、この二つが、すべての人間に平等に与えられた真実です。真実以外の何ものでもない。

生まれたことが真実なら、死ぬこともまた真実。それは当たり前のことなんです。ですから、いつか自分が死ぬことは、自然なこと。私はまったく恐れてはいません。

どうやってその境地にいたったのか。それは、小僧時代から今日までの修行の結果といえば確かにそうなのですが、やはり諸先輩の生き方、死に方から教えていただいたことは大変に大きかったと思います。

正味を生き抜いた大耕老師

三〇歳のころに胃潰瘍を患い半年間休養をいただいた後、道場に復帰した私は、三代前の相国寺管長であられた山崎大耕《だいこう》老師のお世話をさせていただくことになりました。そのとき大耕老師はすでに九〇歳を過ぎてらして、大光明寺に隠居しておられました。

九〇歳の老師と、朝から晩までマン・ツー・マンですごさせていただいた時間は、当時の私にとって、すべてが勉強でした。

お食事を三度三度お作りして、お膳《ぜん》を持っていく。すると、「おお、来たか」と言われて、お箸を使うのがもどかしいようすで召し上がります。そこには、なんともいえない人間の正味の姿がありました。

言語障害と半身不随がおありになって、ほとんどお部屋でお休みでしたが、ときたま起き上がって、本堂へ、コトンコトンと杖をつきながらゆっくりと歩いていかれる。そうしてまた、コトンコトンと杖をついてお部屋に戻られる。七間ですから、十数メートルほどの距離です。それが唯一の運動で、あとはお部屋で横になってお休みになっています。

聖人君子の生活とは、まさにこういうことなんだろうと思ったものです。何ひとつ不足を言われない。お年ですからお手洗いにいらっしゃるのは大変なので、夜はお部屋に瓶を置いておくのです。それを翌朝、私が捨てるのが日課でした。

ところがある日、どうしたことかうっかり忘れてしまい、いつもより随分と時間が過ぎてから、ハッと気づいてあわててお部屋に向かったのです。

すると老師が、瓶を両手で持って、スッスッスッと静かに廊下を歩いておられる。茶道で、水指《みずさし》という水を入れた器を持ち出して始める運び点前というお点前がありますが、そのときの老師の姿は、まさにその運び点前そのものでした。

これには心打たれました。あまりに自然で、美しくて、私は思わず泣けてしまった。「すみません！」と私が駆け寄ると、足を止められて、にこっと笑ってくださった。本来私がするべきことをご自身でなさって、しかも何もおっしゃらない。言葉じゃないんですね。なさることのひとつひとつ、すべてが教えなのです。

そうして二年が過ぎたころ、大耕老師は九二歳でお亡くなりになりました。

私は八歳のときから寺で育った人間ですから、人よりもたくさんの死と向き合ってきました。そういう意味では、私のまわりには常に死が当たり前のようにあったといえます。そんな中でも大耕老師の最期は、心に残っています。

ときどき、意識がふと遠ざかりかけて、そこから覚醒《かくせい》するようにときどき、頭を無意識になでられる。それが二〜三時間続いて、ふっと息が切れました。眠るがごとくという言葉がまさにふさわしい、安らかな最期でした。「死というものは、こんなに安楽なものなのか」と思ったものです。剃髪《ていはつ》をさせていただき、静かにお布団をかけて、お見送りをいたしました。

生きる、すなわち、死ぬこと。死ぬ、すなわち、生きること。それが、もう日常の当たり前のものになっていらした。その在り方に、間近に日々接することができたことは私の生涯の財産です。どんな言葉での教えにも勝る素晴らしい勉強をさせていただいたことに、今でも深く感謝をしています。

死してなお生きる覚悟を教えてくれた櫪堂老師

そして、もう一つ忘れがたいお別れが、生涯の師と仰いだ櫪堂老師の最期です。

仏教では、授戒会《じゅかいえ》といって、檀信徒の皆さんに生前にお戒名を差し上げる儀式を行っています。つまり贈諡《ぞうし》ですね。その授戒会が、あるとき、松江のお寺であって、櫪堂老師も行かれることになり、私もお供をさせていただきました。「慚愧懺悔《ざんきざんげ》、六根罪障《ろっこんざいしょう》、滅除煩《めつじょぼん》悩《のう》、滅除業障《めつじょごっしょう》」と唱えて、さまざまなこの世に存在する業《ごう》を、ここで断ち切るのです。

そのとき授戒をお受けになった檀信徒は四〇〇〜五〇〇人いらっしゃったでしょうか。

すべての行事が終わると、玄関のところに椅子を持ち出して、帰っていかれる檀信徒さんたちをお見送りするのです。櫪堂老師は、にこにこと笑いながらお見送りして、最後の一人が門を出るぐらいのときに立ち上がろうとして、よろよろっと、よろめかれた。あわてて私たちが駆け寄って支えました。そのときは少し休まれると体調が戻られて、京都に戻ってきたのです。

それから少したってのことです、「ぼつぼつ死ぬさかい」とおっしゃるようになったのは。お客さんが来られると「おう、お元気でなにより。わし、そろそろ死ぬさかい、お目にかかれてよかった、よかった」なんてことをおっしゃるようになりました。

相手の方や周囲の者が、「何を言うてはりまんねん、そんな冗談言うたらあきまへんがな」と笑うほど、お元気だったのです。けれど、櫪堂老師は、「わしのことはな、わしが一番よう分かっとる。ぼつぼつ死ぬさかい」と言ってらした。

そんなある日、円相をお書きになった。そして、その円の中に、「死にともない」という言葉を書かれました。つまり「死にたくない」と書かれたわけです。これは仙厓《せんがい》和尚（一七五〇―一八三七）の言葉としても有名です。

文字面だけを見れば、「何十年も修行を積んだ偉いお坊さんでも、いざ自分自身の死が間近になると死を恐れるものなんだ」と解釈してしまうのも無理はないのかもしれません。けれど、櫪堂老師ほどの方が、ただ死を恐れ、逃れたいと思っているとは、おそばでずっと仕えてきた私にはとうてい考えられないことです。

その文字からは、「死してなお、この魂は禅の世界に生き、どこまでも修行の道を極めるのだ」という、櫪堂老師の決然たる思いが伝わってくるのです。

後になってみると、あのとき、老師は、ご自身の死を本当に自覚されたのではないかと思いました。何かをはっきりと悟られた、そう思えるのです。

授戒会が四月で、亡くなられたのは五月の一八日でした。亡くなる数日前から、いつもと少し違うなと感じることがありました。夕方、いつも通り私がご飯を運んで、召し上がるのをお手伝いしていると、ぽろぽろっとこぼされる。それで襟元《えりもと》をふいて差し上げたりしていたのです。

夜、お休みになる前には、お体をふいてさしあげるのが日課です。その日も同じようにして、ベッドにちゃんと横になられて、お布団をかけました。「やあ、ありがとう」とおっしゃって、すうっと眠りにつかれた。

お休みになっているとばかり思っていたら、明け方になって、いびきをぐうっと、いつもよりひどくかかれているのが聞こえてきた。おかしいなと思い、急遽《きゅうきょ》、近所の主治医さんをお呼びいたしましたが、もう意識がありませんでした。

そのままこんこんと眠り続けて、三日目、五月一八日の午後二時ぐらいに、ふっと息を吐かれ、そうして亡くなりました。

臨済宗では、息を引き取る直前から周囲が枕頭《ちんとう》で『舎利礼文《しやりらいもん》』というお経を読みはじめます。三回読み終えたところで、それと同時に息をすっと引き取るというのが、理想の遷化《せんげ》の仕方なんです。なかなかそううまくはいかないものですが、櫪堂老師は、まさにそんなふうにしてお亡くなりになったのです。

死は日常のもの

大耕老師、櫪堂老師、二人の偉大な師の最期を見届けて、私は、死というものが、極めて日常なのだということをあらためて感じました。

人間の死というものは、そんなに大変なことでもなんでもないんです。食事をしたり、お手洗いに行ったり、どこかへ出かけていったりするのと同じに、実に極めて日常的なことなのです。ちょっとお茶を飲む、次は死ぬ、そういうことなんです。

ただし、これはあくまでも修練し修練し、突き詰めて突き詰めて修行することで得ることのできる悟りの境地です。一般の方に同じように悟れといっても、それはなかなか難しいことでしょう。とはいえ、我々のように禅の修行をしなければそういう境地になれないか、といえば、それも違います。

死は、人生を歩んできた最後の決着です。死への恐れや、死にたくないという気持ちは、どんな人の中にもあるのです。現に、あの櫪堂老師も、円相とともに「死にともない」と書いた。けれどその言葉は、現世への執着心や、肉体が滅びてなくなることへの拒絶ではありません。「死にともない」とは、裏を返せば「生きる」という決意です。死してなお生き続けることへの決然とした意思なのです。

「遷化」という言葉の「化」というのは衆生済度のことです。つまり「遷化」とは、死んでなおほかの世界での衆生済度に出発するという意味です。人は死ねばその心身は消滅します。焼けば灰になり、吹けば飛ぶ。どこかへふうっと消えていってしまう。それですべてが終わりです。けれども終わらずに残るものがある。残された人々の中に、その人の生きざまが残り香のように留まるのです。

あの人に会ってよかった、だれかがそう思う。それでいいと思うんです。それが、死というもの。死してなお生き続けるということなのです。

ですからけっして、死を恐れたり、死を回避する必要はひとつもありません。日常の一つの出来事にしかすぎない。これさえはっきりしておれば、何があっても怖くない。この覚悟というのは、それは禅宗の僧であろうと、普通の在家の皆さんであろうと同じなんです。まったく変わりません。

仏教の根本精神は、「慈悲」という言葉に表されます。慈悲とは救いです。では、救いとは何か。すべてを受け入れ、自分自身のうちに取り込むことです。

生まれたという事実を私たちは受け入れて今生きています。ならば、同じように死という現実も受け入れて、自分のものにしてしまう。そうすれば、死を恐れることなどないと気づくはずなのです。

人は、生きているうちに死に切る必要がある

究極の「死を恐れない方法」をお教えしましょう。それは、生きている間に一度、死に

切ることです。

死に切るとはどういうことか？

何かものごとにぶつかるとしましょう。そのとき、徹底的に自分をなしにしてしまうこと。自分自身を殺してしまう。身体的に、肉体としての命を絶つという意味ではありません。精神的に、我《が》も欲も殺して、自分自身という存在のすべてを消し去るのです。徹底的に自分を殺してしまうのです。いったい私は何者なのか。夢か、幻か。そこまで自分自身を追い込んでいくわけです。

そうすると、いつの間にか目の前がぱっと開ける瞬間が訪れます。これを一度、体験すると、今度は逆に、見るもの、聞くもの、全部、新鮮になるのです。

人はなぜ死を恐れるのか。それは、死というものが経験したことのないものだからです。死んだらどうなるのか、自分がどこへ行ってしまうのか、分からないから怖がる。

何もないのです。死んでしまえば、何もない。死んだら火葬場に行って、焼けば灰になり、ふっと吹いたら飛んでいく。それでしまいです。死後の世界なんてないのです。死後の世界がなかったら、怖くもなんともない。どこにも行きようがないし、そもそも死を恐れる自分自身すらないのですから。

何もないということを納得する。全部、空っぽ。「私」というもの、それすらも認めない。生きている間に一度、自分自身を追い込んで、そういう境地まで達すること。それが、死に切るということです。そのためには、何度も繰り返すようですが、体験を通して納得していく。それしかないのです。

「生」というものが今、ここにある。ずっと先のほうに「死」があるとしましょう。そのふたつの間には、いろんなものがあります。親だったり、子供だったり、地位や名誉、仕事や財産、生と死の間には、そういういろんなものがある。生きていくために銭もうけもせないかんし、人様とおつきあいもせなあかん。ところが、そうしたすべて、生と死の間は、これはまったく、夢か幻なのです。

　じゃあ、何もないのか。ある。みんなそう思っています。今、現在というものがある、と。ところが、現在ってなんでしょう？　一瞬後には、それはもう「過去」なんです。さっきまであったと思っていた「現在」はない。まさに、諸行無常です。もろもろの行いは常に動いていて、移ろいゆくもの。

ですから、今、自分が在る、財産が有ると思っていても、実は、その「今」は、次の瞬間にはもうない。過ぎ去っているのです。何十億、何百億円、仮にもうかったとしても、それは仮のものなんです。

命があるから、死への恐れが生ずる。取られたくない、守りたい。すべて、「ある」と思うゆえです。でもそれは「ある」のではなく、あくまでも生と死の間にある幻なのだと真に受け入れることができれば、おのずと考え方は違ってくることでしょう。

仏教では「諸縁《しょえん》の因縁《いんねん》を放下《ほうげ》する」と言います。放下とは、一切の執着を捨てる、ということです。財産があると思っているから、その財産を失いたくないという心が生ずる。何かを持っていると思うから、執着が生まれる。

地位を失うのが怖いとか、財産を失うのが怖いとか。何かを持っているほど、執着があるほど、それを失うことを考えて人は恐れるのです。

しかし、人の真実は、裸で生まれてきて裸で死んでいくという事実しかありません。

仏教の世界では「無」とか「空《くう》」とか言うでしょう。『般若心経《はんにゃしんぎょう》』の中には、その空という字が七つ、無という字が二一出てきます。何度も何度も繰り返し、何もないことの大事を説くのです。そもそも何もない、空っぽなんだ、と。

食事をしたり、電車に乗ったり、そういう、生きて生活をしている今の自分は、仏教でいう仮の姿です。では、本当の姿とは何か。

それは、生と死です。生まれる、死ぬ、これだけが事実。それ以外のものは何ひとつとして事実ではない。自分では事実だと思っていても、次の瞬間にはもう去ってしまっている。それが仏教の諸行無常という考え方なんですね。

常なるものは何もない、すべては移ろい、去っていくもの。そうして過去があり、今この瞬間がある。それは未来もあるということです。未来は必ずある。けれど、その何ひとつとして、留まるものはない。最後はそこなんです。

過去も、現在も、未来も、すべてであるけれど、最後は何もない。空であり、無なんです。

地位も、名誉も、財産も、そんなもん、持って死ぬことはできません。それが納得できれば、もう何も怖くはありません。

愛情と執着

理論としては、そういうことなのです。けれど、それを本当に受け入れるのは、たやすいことではありませんよね。人間、そうそう簡単に我や欲や愛着を捨てることはできません。

煩悩の最たるものが四苦八苦です。生老病死《しょうろうびょうし》の四苦、それから愛別離苦《あいべつりく》、怨憎会苦《おんぞうえく》、求不得苦《ぐふとくく》、五陰盛苦《ごおんじょうく》。愛する人と会えない苦しみと、会いたくない人と会わなくてはならない苦しみ。このいずれも、同じことなんです。

世の中に男と女しかおりませんから、ほんまの話、私、女の人、大好きですよ。今のところだれも嫁さんに来てくれる女性が、おりませんけどね。ですから逆に考えれば、決まっただれかがいないということは、世界中の女性は全部わしのもんだと思っておればよい、ということにもなります。

人を愛する、確かにそれはそれでいいんです。けれどそれは、先ほど言った通り、移っていくんです。最近、ニュースで殺人が報じられない日はないぐらい、あまりにも簡単に人が人を殺してしまう。好きな女性が自分の方に振り向いてくれなかったからといって、あるいは、仕事が行き詰まって自殺するのに家族だけ残したら不憫《ふびん》だからといって。

執着なんですよ。こだわるから殺してしまう。振り向いてくれない女性のことも、家族が路頭に迷うことも、今を過ぎれば、過去になり、状況は時々刻々と変わっていく。次にもっと好きなだれかに出会うかもしれない。別の仕事に就いて成功するかもしれない。いいときも悪いときも、ずっとそのまま変わらないことなんてないんです。そう思えば、なにも人や自分を殺すことなどない。

今何か手にはいらないからといって、じゃあ、全部なしにしちゃえというのは、あまりにも浅薄で、自己中心的な考えです。自分が今ここにいるということは、ものすごく大きなことで、一人をたどっていくと、それは全世界、全宇宙につながっていくのです。私がいるひとつ前にさかのぼれば両親がいる。その先には両親の両親、さらにその先には……。そうやってずっと広げていくと、この世に存在するものは全部、自分にかかわってくるんです。

何か気に入らないことがある、よし爆破してやろうと爆弾を仕掛ける。それで一部は失われることになるでしょうが、根本的に見れば、何もなくなっていない。そういう人たちは、自分一人が全世界だと思っているから、壊せばなくなると思っているけれど、そうじゃない。ほんの一部を壊してみたところで、この世界はびくともしないのです。

この世は矛盾だらけ

お釈迦様がおっしゃったのはそこなんですね。山川草木悉皆成仏、この世に存在する全部が仏様なんだとおっしゃっている。その通りなんです。仏とは、この世に必要なもの。逆に言えば、余分なものなど、この世の中に何ひとつないのです。全部いるものばかり、現実に必要なものばかりなのです。

自分という存在は、そういう世界の中で成り立っている。生かされている。すべては、自分とかかわりのある存在なのです。ですから、この世界というのは、ぶっ壊そうとしたって壊しようがない。世界のすべては自分につながっているのですから。

と、まあ、ここまでの話は、哲学者の西田幾多郎先生によれば「絶対矛盾の自己同一」という言葉になるのだそうです。自分という一つの存在は、全世界につながっていて、けれどすべての存在は、夢幻のごとく常に移ろい同じところには存在しない。突き詰めれば、この世は、すべてがあり、すべてがない。

しかし仏教の立場から言うならば、そもそも自分というものがないと納得すれば、矛盾もありえないんです。そうでしょう。もともとすべてはそういうものだと思い込んでしまえば、矛盾も起こらない。それを下手に、ああでもない、こうでもないと、頭で考えようとすると、どこまでいっても堂々めぐりで、行き着くところが見つからなくなってしまうのです。何度も言うように、体験をすること、納得すること。これなんです。なんで矛盾なのか、それを体験する、納得する。

私はひとりや、だれも助けてくれる者はおらへん、じゃあないんです。みんな助けられて生きているんですね。だからお釈迦様が言う悉皆成仏というのはそこなんです。二千何百年前に結論をちゃんと言ってくださっているのです。

死に切る、ということ

最後にもう一度考えてみましょう。死に切るということは、自分の中にあるすべてを断絶し、なくしてしまうこと、です。

白隠《はくいん》禅師（一六八五―一七六八）が一度死んだら二度死なんとおっしゃった。死ぬことは終わりではなく、永遠の生命を授かることだ、と言われた。全部、死に切ってしまったときに、逆にものすごい生命を授かるのです。これは、体験を通して会得していかなければどうにもなりません。知識とか教養では解決できないのです。

ですから、死に切るためには、ありとあらゆることをしてみなくてはなりません。最初から無などありえないのです。

体験を積んで積んで、やってやって。これでもか、これでもかとやってみて、ようやく、一つずつ、自分にとっての無駄が見えてきて、捨てていくことができる。そうしてだんだんと捨てていって、最後には何もなくなる。

しかし、この「捨てる」ということが、普通はなかなかできません。家の片づけなんかでもそうでっしゃろ？ 捨てるものと捨てないものを分けていって、一度はよし捨てようと決めるけれど、心のどこかに、ちょっと惜しいな、もう少し残しておけば使えるかもしれんな、という気持ちがある。あとちょっとのところで、やはり捨てられない。けども、それをそのままほっとくというわけにいきませんからね。いよいよとなったときにどうするのか、そこや。

とはいえ、利休さんではありませんが、これは他人があてがえ、こうせえと言ったところでだめなんです。自分で納得しないとどうしようもない。なかなか片づけが進まないのを見かねて、親とか先生が口出しをしたところでだめなのと一緒です。自分で納得して捨てないことには、意味がないんですね。

裸で生まれ、裸で死ぬ。すべてはそこに始まり、そこに終わる

人というのは裸で生まれてきて、裸で死んでいくのです。裸しかない。それを言葉で言うと「無」なんです。この「無」というのは、東洋にしかない思想です。自分自身の存在が、そもそも無であり、空であるということをまずは根本に据えて、すべてはそこから始まるのです。

禅は確かに宗教ではあるけれど、ほかの宗教のように何かに祈ったり拝んだりするのではなく、最後にたどりつくのは自分自身です。禅は、学問です。

前にも述べましたが、仏というのは、自覚者のこと。自覚した人を仏というのです。仏様といえばお釈迦様のことで、この世に一人しかいないと思われがちですが、実はそうで

はありません。特定の人ではなく、自分自身を真の意味で悟った人は、皆仏なのです。
今の自分自身をしっかりと見つめて、精一杯生きれば、『白隠禅師坐禅和讃』にいうように、人はだれもが仏になれる可能性を持った素晴らしい存在なのです。

◎禅語・仏教用語解説

諸行無常《しょぎょうむじょう》（一八五頁）
仏教の根本思想を表す言葉。この世のあらゆる現象と、それを生み出す力は常に移り変わっているものである。つまり、すべてのものごとは常に変化し移り変わっている、の意。

心は万境に随《したが》って転ず。転ずるところ、実に能《よ》く幽なり（一九〇頁）
出典：『景徳伝灯録《けいとくでんとうろく》　三』
原典は、「心随万境転　転処実能幽　随流認得性　無喜亦無憂」（心は万境に随って転ず、転ずるところ実に能く幽なり、流れに随って性を認得せば、喜も無くまた憂《うれい》も無し）。禅宗の第二

二祖にあたる摩拏羅《まぬら》尊者の言葉。『景徳伝灯録』は宋時代に編纂された禅僧の伝記などをまとめたもの。

慚愧懺悔《ざんきざんげ》、**六根罪障**《ろっこんざいしょう》、**滅除煩悩**《めつじょぼんのう》、**滅除業障**《めつじょごっしょう》（一九五頁）
授戒会の際に戒徒が唱える偈文。あやまちを懺悔し、心身を清めて戒を授かるための修行のひとつとして唱えられる。

円相（一九六頁）
出典：『碧巌録　三三、六九』
一円相、円月相ともいう。一つの丸い形のこと。欠けるところも余すところもない、完全にして円満の意味。宇宙万象の本体。根源。空、風、水、地ともいう。

『**舎利礼文**《しゃりらいもん》』（一九八頁）
仏舎利を礼拝するときに唱える経文。禅では葬儀の際などにこの経をあげる。
一心頂礼《いっしんちょうらい》、万徳円満《まんとくえんまん》、
釈迦如来《しゃーかーにょらい》、心身舎利《しんじんしゃーりー》、
本地法身《ほんじーほっしん》、法界塔婆《ほっかいとうばー》、

我等礼敬《がーとうらいきょう》、為我現身《いーがーげんしん》、
入我我入《にゅうがーがーにゅう》、仏加持故《ぶつがーじーこー》、
我証菩提《がーしょうぼーだい》、以仏神力《いーぶつじんりき》、
利益衆生《りーやくしゅーじょう》、発菩提心《ほつぼーだいしん》、
修菩薩行《しゅーぼーさつぎょう》、同入円寂《どうにゅうえんじゃく》、
平等大智《びょうどうだいちー》、今将頂礼《こんしょうちょうらい》

が全文。強い信心の心で、ただひたすらに仏様を礼拝しよう、という趣旨の経。

遷化《せんげ》（一九八頁）
仏教では、菩薩がこの世での教化を終えて、別の世界の教化に移ること。転じて高僧が死ぬことをいう。

諸縁《しょえん》の因縁《いんねん》を放下《ほうげ》する（二〇三頁）
出典：『夢中問答《むちゅうもんどう》』
諸縁とは、目的物を意識して、それにとらわれるすべての心作用のこと。あらゆるものごとに心とらわれず、執着をしないという教え。

空《くう》（二〇三頁）

瞑想《めいそう》を通して無常や無我の境地にいたることで見えてくるものが「空」であると『般若心経《はんにゃしんぎょう》』では説く。「空」とはすなわち、この世に存在する万物には、実体や自我はないのだ、ということ。

生老病死《しょうろうびょうし》、愛別離苦《あいべつりく》、怨憎会苦《おんぞうえく》、求不得苦《ぐふとくく》、五陰盛苦《ごおんじょうく》（二〇五頁）

四苦八苦のこと。人間のあらゆる苦しみをさす。四苦は「生老病死」で人間が絶対に逃れることのできない必然としての苦しみ。さらに、愛別離苦（愛する人と別れる苦しみ）、怨憎会苦（怨み憎む人と出会う苦しみ）、求不得苦（求めても得られない苦しみ）、五陰盛苦（ものごとに執着する苦しみ。五盛陰苦、五取蘊句《ごしゅうんく》ともいう）の四つを加えて八苦という。

白隠《はくいん》禅師の「一度死んだら二度死なない」という言葉（二〇八頁）

臨済宗中興の祖といわれる白隠禅師のある画賛に「若い衆や、死ぬのがいやなら今死にやれ、一たび死ねばもう死なぬぞや」とある。

白隠禅師坐禅和讃（二一一頁）

白隠禅師によって作られた和讃。和讃とは、仏教の教義や経典の内容を日本語で表した讃歌のこと。座ることだけが坐禅ではなく日々のすべての行いが坐禅であること、あらゆる場所が浄土であること、さらには自分自身がすなわち仏であると説いている。

衆生《しゅじょう》本来《ほんらい》仏《ほとけ》なり　水《みず》と氷《こおり》のごとくにて
水《みず》をはなれて氷《こおり》なく　衆生《しゅじょう》の外《ほか》に仏《ほとけ》なし
衆生《しゅじょう》近《ちか》きを知《し》らずして　遠《とお》く求《もと》むるはかなさよ
たとえば水《みず》の中《なか》に居《い》て　渇《かつ》を叫《さけぶ》がごとくなり
長者《ちょうじゃ》の家《いえ》の子《こ》となりて　貧里《ひんり》に迷《まよ》うに異《こと》ならず
六趣輪廻《ろくしゅりんね》の因縁《いんねん》は　己《おのれ》が愚痴《ぐち》の闇路《やみじ》なり
闇路《やみじ》に闇路《やみじ》を踏《ふみ》そえて　いつか生死《しょうじ》を離《はな》るべき
夫《そ》れ摩訶衍《まかえん》の禅定《ぜんじょう》は　称歎《しょうたん》するに余《あま》りあり
布施《ふせ》や持戒《じかい》の諸波羅蜜《しょはらみつ》　念仏懺悔《ねんぶつさんげ》修行等《しゅぎょうとう》
其品《そのしな》多《おお》き諸善行《しょぜんぎょう》　皆《みな》この中《うち》に帰《き》するなり
一座《いちざ》の功《こう》をなす人《ひと》も　積《つ》みし無量《むりょう》の罪《つみ》ほろぶ
悪趣《あくしゅ》いずくに有《あり》ぬべき　浄土《じょうど》即《すなわ》ち遠《とお》からず

辱《かたじけな》くも此《こ》の法《のり》を　一《ひと》たび耳《みみ》にふるる時《とき》
讃歎随喜《さんたんずいき》する人《ひと》は　福《ふく》を得《う》ること限《かぎ》りなし

いわんや自《みずか》ら回向《えこう》して　直《じき》に自性《じしょう》を証《しょう》すれば
自性《じしょう》即《すなわ》ち無性《むしょう》にて　すでに戯論《けろん》を離《はな》れたり
因果一如《いんがいちにょ》の門《もん》ひらけ　無二無三《むにむさん》の道《みち》直《なお》し
無相《むそう》の相《そう》を相《そう》として　行《ゆく》も帰《かえ》るも余所《よそ》ならず
無念《むねん》の念《ねん》を念《ねん》として　謳《うた》うも舞《ま》うも法《のり》の声《こえ》
三昧無礙《さんまいむげ》の空《そら》ひろく　四智円明《しちえんみょう》の月《つき》さえん
此《こ》の時《とき》何《なに》をか求《もと》むべき　寂滅現前《じゃくめつげんぜん》するゆえに
当処《とうしょ》即《すなわ》ち蓮華国《れんげこく》　此《こ》の身《み》即《すなわ》ち仏《ほとけ》なり

あとがき

私が常に読んでいる、相国寺勧請開山である正覚心宗国師夢窓疎石禅師と、左武衛将軍古山大居士足利直義との問答集『夢中問答』の跋《ばっ》に、来朝僧竺仙梵僊《じくせんぼんせん》（一二九三―一三四九）が次のように述べている。

「ああ世に至人が出興して智慧方便をもって千変万化、逆順縦横して衆生を導くことがなければ、世の人はこれを如何にしてかたどることをしたらよいかということを知らない。

そもそも仏は一切の智人である。しかし我々は有縁の者を済度することはよくするが無縁の者を教化することには長《た》けていない。また、よく一切の譬喩《ひゆ》をもって種々のことを説くが、譬喩で仏法を説き尽くすことはできない。なぜなら心智の路が絶え言語道断にして不思議なるところに仏法の真理が有るからである。しかしその経典の教えでも尽くすことができないところを、方便して仮名文字をもって些《いささ》かでも人々を誘引するものである。云云」

釈尊は「四十九年一字不説」とする。仏陀となってより八〇歳で入滅されるまでの四九年間、インド各地を説法して歩かれた。しかし一字も説かなかったと言われるのである。竺仙のいう「言語道断」であろう。しかし一方、

「故人曰く、道を知る者は文字を弄せず。文字を弄する者は道を知らずと。然り、道を外にして、攢花簇錦《さんかぞくきん》、然《いたずら》に自ずから喜ぶ者は、記誦詞章の俗儒たることを免れず、然れども文は道を貫くの器なり。文字を離れて道を求む可からず。文字を離れて道を伝うべからず。故に文字般若と曰う」

禅の立場は、不立文字であり、機に対して直下《じきげ》に指示するのみである。ならばその蹤《あと》を求むべからずであろう。言外に意を悟るも、既に第二に堕すのであり、ましてその言を記録して人様に読んでもらおうなどとは、とんでもないことである。しかし、もし文字を記すことなくば誘引の路は絶えることになる。だからやむをえずこのたび一冊の本として出すのだが、それは禅の本意ではない。禅は本来無一物を生きるのみなのである。読者諸賢

にはその辺をご賢察願うものである。この本を出すにあたり、編集長小林薫さん、さらにむずかしい禅の言葉を辛抱強く書きとり下さった氷川まりこさんに満腔《まんこう》の謝辞を述べ擱筆《かくひつ》する。

有馬頼底

有馬頼底（ありま らいてい）

一九三三年東京生まれ。臨済宗相国寺派七代管長。大本山相国寺・鹿苑寺金閣・慈照寺銀閣住職。京都仏教会理事長。八歳で大分県岳林寺に入門、五五年京都臨済宗相国寺僧堂入門。久留米藩主有馬家の子孫。著書『禅僧が往く』（日本経済新聞社）『茶席の禅語大辞典』（監修、淡交社）『禅の心　茶の心』（共著、朝日新聞社）『禅と茶の湯』（春秋社）ほか多数。

無《む》の道《みち》を生《い》きる——禅《ぜん》の辻説法《つじせっぽう》

集英社新書〇四五九C

二〇〇八年　九　月二二日　第一刷発行
二〇〇九年一〇月三一日　第六刷発行

著者……有馬頼底《ありまらいてい》
発行者……館　孝太郎
発行所……株式会社集英社
東京都千代田区一ツ橋二-五-一〇　郵便番号一〇一-八〇五〇
電話　〇三-三二三〇-六三九一（編集部）
　　　〇三-三二三〇-六三九三（販売部）
　　　〇三-三二三〇-六〇八〇（読者係）
装幀……原　研哉
印刷所……凸版印刷株式会社
製本所……加藤製本株式会社
定価はカバーに表示してあります。

ISBN 978-4-08-720459-9 C0215

Printed in Japan

a pilot of wisdom

哲学・思想——C

- 知の休日　五木寛之
- 万博とストリップ　荒俣宏
- 新・シングルライフ　海老坂武
- 聖地の想像力　植島啓司
- 往生の物語　林望
- 「中国人」という生き方　田島英一
- 「わからない」という方法　橋本治
- 親鸞　伊藤益
- 農から明日を読む　星寛治
- 自分を活かす〝気〟の思想　中野孝次
- ナショナリズムの克服　姜尚中／森巣博
- 「頭がよい」って何だろう　植島啓司
- 動物化する世界の中で　東浩紀／笠井潔
- 二十世紀のフランス知識人　渡辺淳
- 上司は思いつきでものを言う　橋本治
- ドイツ人のバカ笑い　D・トーマほか編
- デモクラシーの冒険　姜尚中／テッサ・M・スズキ
- 新人生論ノート　木田元
- ヒンドゥー教巡礼　立川武蔵
- 退屈の小さな哲学　L・スヴェンセン
- 乱世を生きる 市場原理は嘘かもしれない　橋本治
- ブッダは、なぜ子を捨てたか　山折哲雄
- 憲法九条を世界遺産に　太田光／中沢新一
- 悪魔のささやき　加賀乙彦
- 人権と国家　S・ジジェク／岡崎玲子
- 「狂い」のすすめ　ひろさちや
- 越境の時 一九六〇年代と在日　鈴木道彦
- 偶然のチカラ　植島啓司
- 日本の行く道　橋本治
- 新個人主義のすすめ　林望
- イカの哲学　中沢新一／波多野一郎
- 「世逃げ」のすすめ　ひろさちや
- 悩む力　姜尚中

a pilot of wisdom

夫婦の格式　橋田壽賀子
神と仏の風景「こころの道」　廣川勝美

ヴィジュアル版――V

江戸を歩く　田中優子　写真・石山貴美子
ダーウィンの足跡を訪ねて　長谷川眞理子
フェルメール全点踏破の旅　朽木ゆり子
謎解き　広重「江戸百」　原信田実
愉悦の蒐集　ヴンダーカンマーの謎　小宮正安
直筆で読む「坊っちやん」　夏目漱石
ゲーテ『イタリア紀行』を旅する　牧野宣彦
奇想の江戸挿絵　辻惟雄
「鎌倉百人一首」を歩く　尾崎左永子　写真・原田寛
神と仏の道を歩く　神仏霊場会編